AF284787

Impressum
Verlag: BABADADA GmbH, Nedderfeld 112 , 22529 Hamburg
Geschäftsführer / Verlagsleitung: Harald Hof
Druck: Books on Demand GmbH, In de Tarpen 42, 22848 Norderstedt

Imprint
Publisher: BABADADA GmbH, Nedderfeld 112 , 22529 Hamburg, Germany
Managing Director / Publishing direction: Harald Hof
Print: Books on Demand GmbH, In de Tarpen 42, 22848 Norderstedt

shule

ishuri

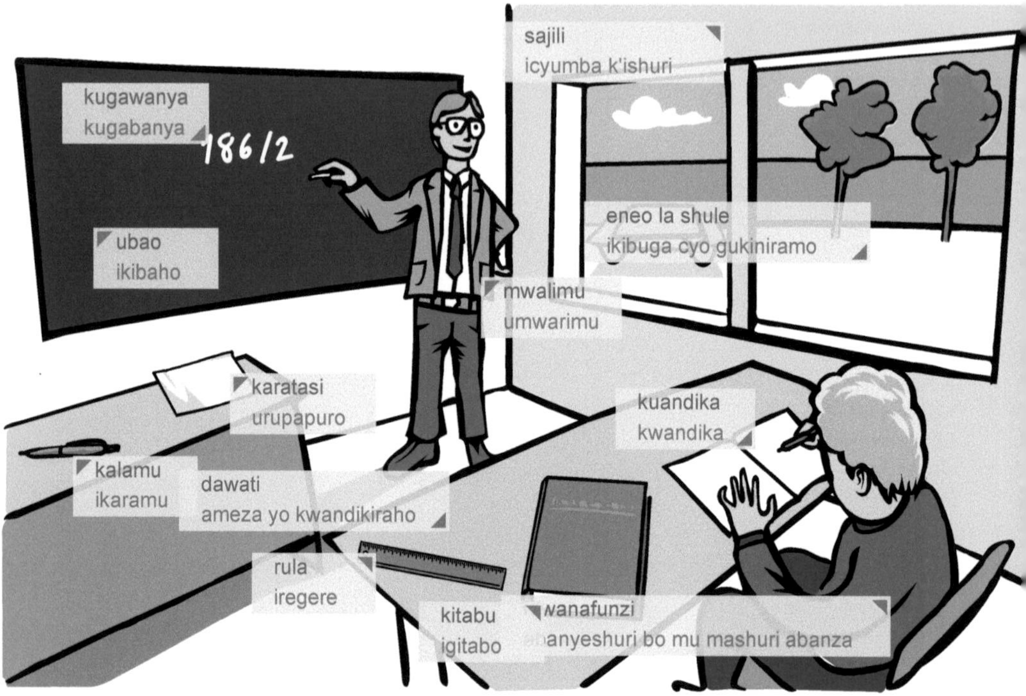
sajili
icyumba k'ishuri
kugawanya
kugabanya
186/2
ubao
ikibaho
eneo la shule
ikibuga cyo gukiniramo
mwalimu
umwarimu
karatasi
urupapuro
kuandika
kwandika
kalamu
ikaramu
dawati
ameza yo kwandikiraho
rula
iregere
kitabu
igitabo
wanafunzi
anyeshuri bo mu mashuri abanza

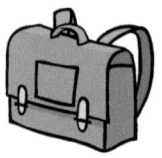

mkoba

agahago k'ishuri

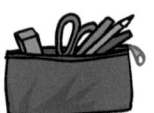

kikasha cha penseli

agasanduku k'amakaramu y'igiti

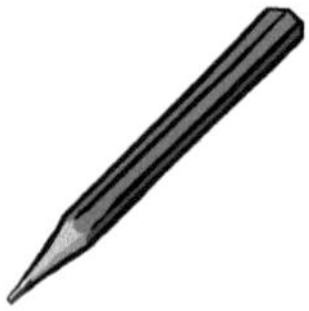

penseli

ikaramu y'igiti

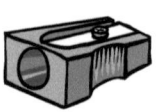

kichonga penseli

tayekereyo

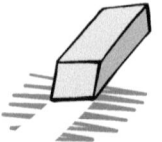

mpira

igome

pedi ya kuchora

ikayi yo gushushanya

uchoraji

igishushanyo

brashi ya rangi

uburoso bwo gusigisha

sanduku la rangi

agasanduku k'amarangi
y'amabara

mkasi

umukasi

gundi

kore

daftari

ikayi y'imyitozo

kazi ya nyumbani

umukoro w'imuhira

12

nambari

umubare

2+2

jumlisha

guteranya

5-2

ondoa

gukuramo

2×2

zidisha

gukuba

kokotoa

kubara

A

barua

ibaruwa

**ABCDEFG
HIJKLMN
OPQRSTU
VWXYZ**

alfabeti

inyuguti uko zikurikirana

neno

ijambo

maandishi

umwandiko

kusoma

gusoma

chaki

ingwa

somo

isomo

sajili

igitabo cyo
kwiyandikishamo

uchunguzi

ikizami

cheti

impamyabumenyi

sare za shule

umwambaro w'ishuri

elimu

uburezi

elezo

inkoranyamagambo

chuo kikuu

kaminuza

darubini

mikorosikope

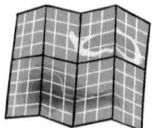

ramani

ikarita

kikapu cha kuweka karatasi
chafu

pubere

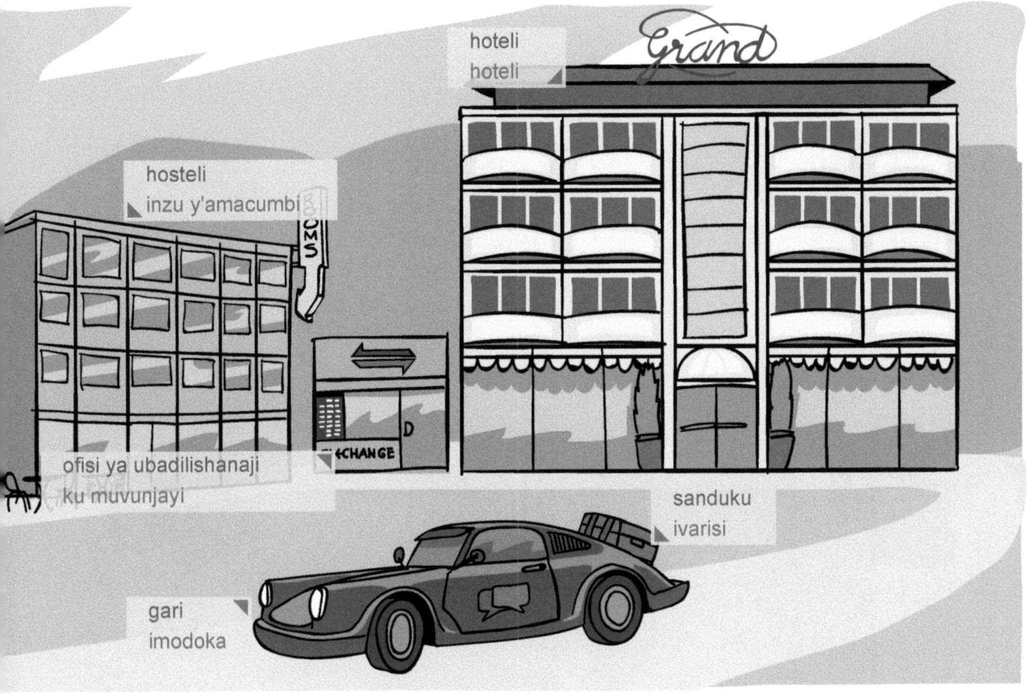

hoteli
hoteli
Grand
hosteli
inzu y'amacumbi
ROOMS
ofisi ya ubadilishanaji
ku muvunjayi
EXCHANGE
sanduku
ivarisi
gari
imodoka

lugha
ururimi

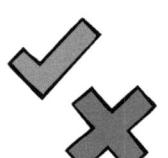

ndiyo / la
yego / oya

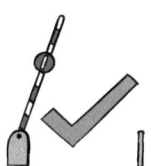

sawa
Yego

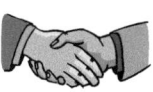

hujambo
bite

mtafsiri
umusemuzi

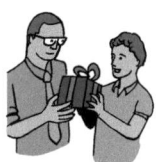

Asante
Murakoze

kiasi gani ni ...?

ni angahe...?

Sielewi

Sinsobanukiwe

tatizo

ikibazo

Jioni njema!

wiriwe!

Habari za asubuhi!

Waramutse

Usiku mwema!

Ijoro ryiza

kwa heri

bayi

mwelekeo

ikerekezo

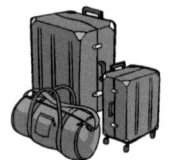

mizigo

imizigo

mfuko

igikapo

shanta

igikapo baheka

mgeni

umushyitsi

chumba

icyumba

begi la kulalia

agafuko baryamamo

hema

ihema

taarifa ya utalii

amakuru y'ahasurwa na ba mukerarugendo

ufuo

ku musenyi wo ku mazi

kadi

ikarita ya banki

kifunguakinywa

ifunguro ryo gusamura

chakula cha mchana

ifunguro rya ku manywa

chakula cha jioni

ifunguro rya nimugoroba

tiketi

itike

kuinua

asanseri

muhuri

itembure

mpaka

umupaka

mila

gasutamo

ubalozi

ambasade

visa

viza

pasipoti

pasiporo

usafiri

gutwara abantu n'ibintu

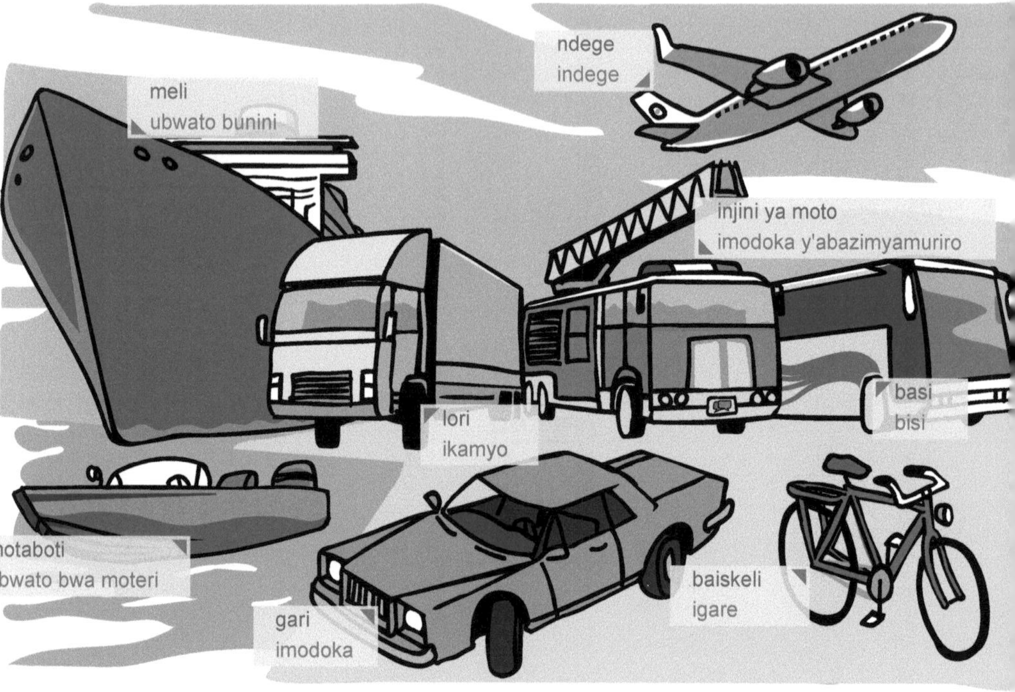
ndege
indege
meli
ubwato bunini
injini ya moto
imodoka y'abazimyamuriro
basi
bisi
lori
ikamyo
motaboti
ubwato bwa moteri
baiskeli
igare
gari
imodoka

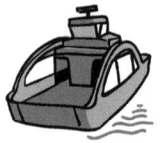

feri

ubwato bwambutsa imizigo n'abantu

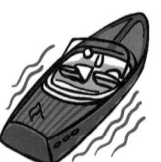

mashua

ubwato

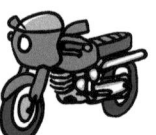

pikipiki

ipikipiki

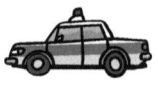

gari la polisi

imodoka ya polisi

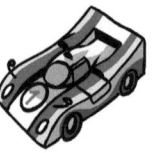

gari la mashindano

imodoka ya kuruse

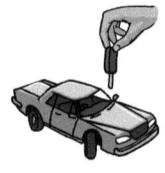

gari la kukodisha

imodoka ikodeshwa

kushiriki gari

gusangira imodoka

lori la kuvuta

imodoka iterura izindi

ukusanyaji taka

imodoka iyora imyanda

motor

moteri

mafuta

lisansi

kituo cha mafuta

sitasiyo ya lisansi

ishara trafiki

icyapa kiyobora imodoka

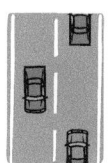

trafiki

urujya n'uruza rw'imodoka

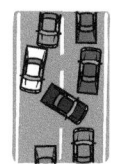

msongamano

ambuteyaje

maegesho

parikingi y'imodoka

kituo cha treni

gare ya gariyamoshi

reli

inzira ya gariyamoshi

garimoshi

gariyamoshi

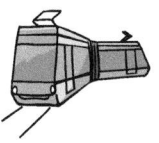

tremu

bisi ikoresha
amashanyarazi

gari la mizigo

agatete k'imizigo gakururwa
n'imodoka

helikopta

kajugujugu

uwanja wa ndege

ikibuga k'indege

mnara

umunara

abiria

umugenzi

chombo

konteneri

katoni

ikarito

mkokoteni

akagorofani ko mu iduka

kikapu

agaseke

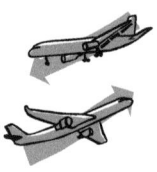

ondoka

kuguruka / kururuka

jiji

umugi

kijiji

umudugudu

katikati ya jiji

mu mujyi rwagati

nyumba

inzu

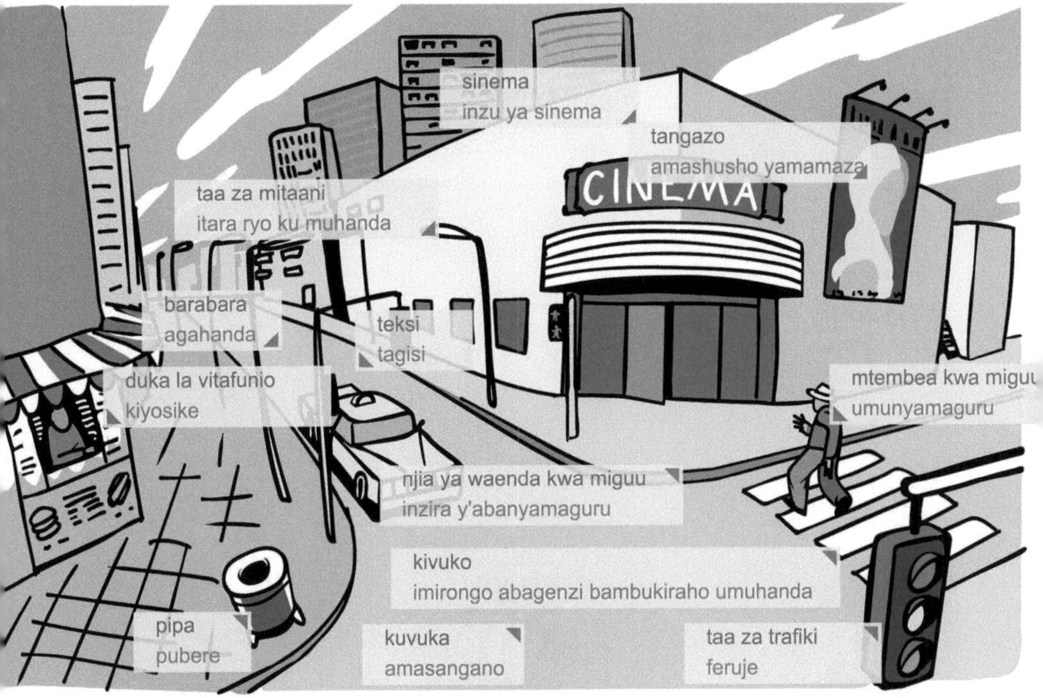

sinema
inzu ya sinema

tangazo
amashusho yamamaza

taa za mitaani
itara ryo ku muhanda

barabara
agahanda

teksi
tagisi

duka la vitafunio
kiyosike

mtembea kwa miguu
umunyamaguru

njia ya waenda kwa miguu
inzira y'abanyamaguru

kivuko
imirongo abagenzi bambukiraho umuhanda

pipa
pubere

kuvuka
amasangano

taa za trafiki
feruje

kibanda

akaruri

gorofa

inzu ifatanye n'izindi

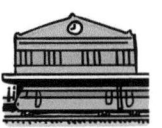

kituo cha treni

gare ya gariyamoshi

ukumbi wa mji

ibiro bya meya

Makavazi

inzu ndangamurage

shule

ishuri

jiji - umugi

chuo kikuu

kaminuza

benki

banki

hospitali

ibitaro

hoteli

hoteli

duka la dawa

farumasi

ofisi

ibiro

duka la kitabu

inzu bagurishirizamo ibitabo

duka

iduka

duka la maua

umucuruzi w'indabo

dukakuu

amangazini manini

soko

isoko

idara ya kuhifadhi

idepo

mwuza samaki

umucuruzi w'amafi

kituo cha ununuzi

iduka rinini

bandari

icyambu

Hifadhi

parike

benki

intebe y'urubaho

daraja

iteme

vidato

amadarajya

chini ya ardhi

inzira yo munsi y'ubutaka

handaki

umuhanda wo munsi y'ubutaka

kituo cha mabasi

icyapa cya bisi

bar

bare

mgahawa

resitora

sanduku la posta

agasanduku k'amabaruwa

ishara ya barabara

icyapa cyo ku muhanda

mita ya maegesho

mubazi ya parikingi

bustani ya wanyama

zoo

kidimbwi cha kuogelea

pisine

msikiti

umusigiti

shamba
ifamu

uchafuzi
kwangiza umwuka

makaburini
irimbi

kanisa
ikiriziya

uwanja wa michezo
ikibuga k'imikino

hekalu
urusengero

mazingira
umurambi

jani
ikibabi

ishara ya mwelekeo
icyapa kiyobora

njia
inzira

malisho
umukenke

jiwe
ibuye

mtembeaji wa masafa
umuntu utembera mu misozi

mti
igiti

mto
umugezi

nyasi
ibyatsi

ua
indabo

bonde
ikibaya

kilima
agasozi

ziwa
ikiyaga

msitu
ishyamba

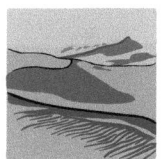

jangwa
ubutayu

volkano
ikirunga

ngome
ingoro

upinde wa mvua
umukororombya

uyoga
icyobo

mtende
ikigazi

mbu
umubu

kuruka
isazi

chungu
intozi

nyuki
uruyuki

buibui
igitagangurirwa

mende

ikivumvuri

chura

igikeri

kuchakuro

inkima

nungunungu

imbuni

sungura

urukwavu

bundi

igihunyira

ndege

inyoni

swan

igishuhe

nguruwe mwitu

isatura

kulungu

ingeragere

aina ya kongoni

impongo

bwawa

urugomero

tabo ya upepo

igipanga kikaraga kikazana
umuyaga

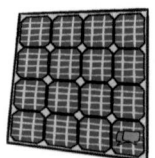

nishaji ya jua

urubaho rukurura imirasire

hali ya hewa

ikirere

mgahawa
resitora

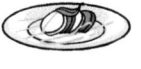

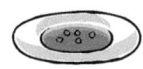

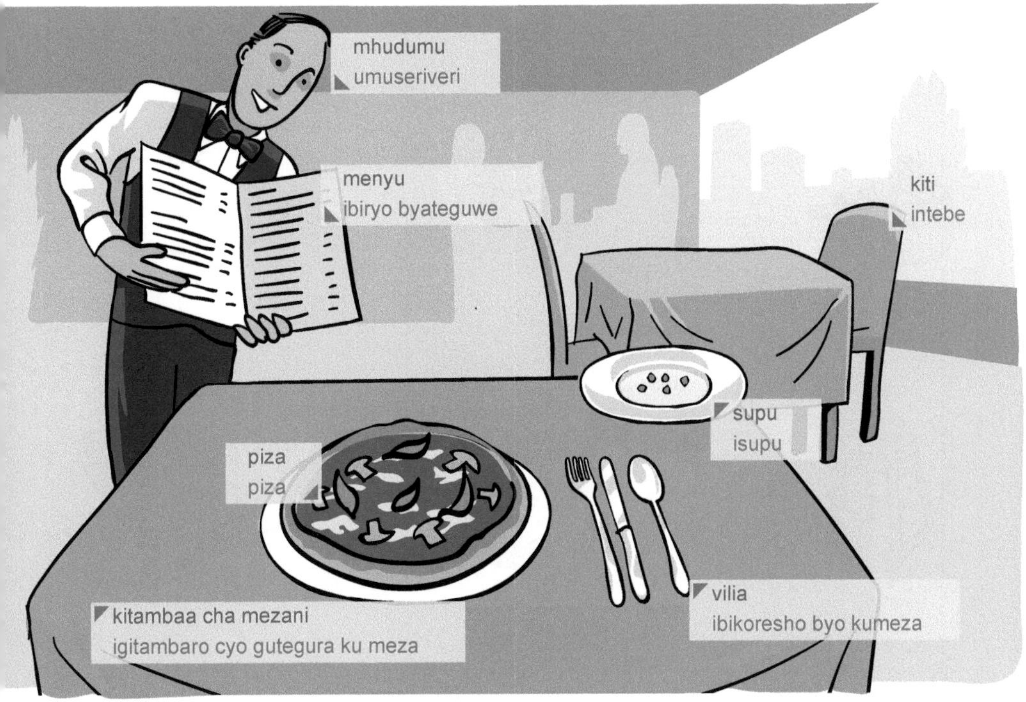
mhudumu
umuseriveri
menyu
ibiryo byateguwe
kiti
intebe
supu
isupu
piza
piza
vilia
ibikoresho byo kumeza
kitambaa cha mezani
igitambaro cyo gutegura ku meza

kiamsha hamu

aperitifu

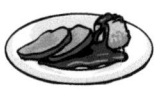

kozi kuu

isahani nkuru

kitindamlo

deseri

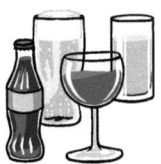

vinywaji

ibinyobwa

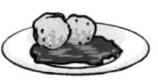

chakula

ibiribwa

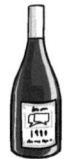

chupa

icupa

chakula cha haraka

ibiryo barya bagenda

Streetfood

ibiryo byo kumuhanda

buli

ibirika y'icyayi

kisanduku cha sukari

agakombe k'isukari

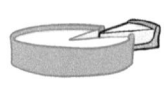

sehemu

isahani y'ibiryo

mashine ya espresso

imashini y'ikawa ya esipereso

kiti kirefu

intebe ndende

muswada

inyemezabuguzi

trei

ipurato

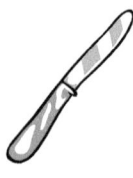

kisu

icyuma

uma

ikanya

kijiko

ikiyiko

kijiko cha chai

akayiko k'icyayi

nepi

seriviyete

glasi

ikirahure cyo kunywesha

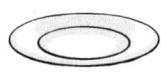

sahani

isahani

sahani ya supu

isahani y'isupu

sufuria

agasutasi

mchuzi

isosi

kichanyaji chumvi

agacupa k'umunyu

kinu cha pilipili

agasekuru k'urusenda

siki

vinegere

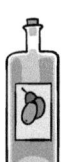

mafuta

amavuta

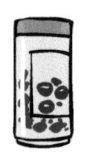

viungo

ibirunge

kechapu

kecapu

haradali

mutaride

kachumbari nzito

mayonezi

dukakuu

amangazini manini

ofa maalum
igiciro kidasanzwe
FOR
mteja
umukiriya
maziwa
ibiva mu mata
matunda
imbuto
toroli
akagorofani ko mu iduka

BUTCHERS

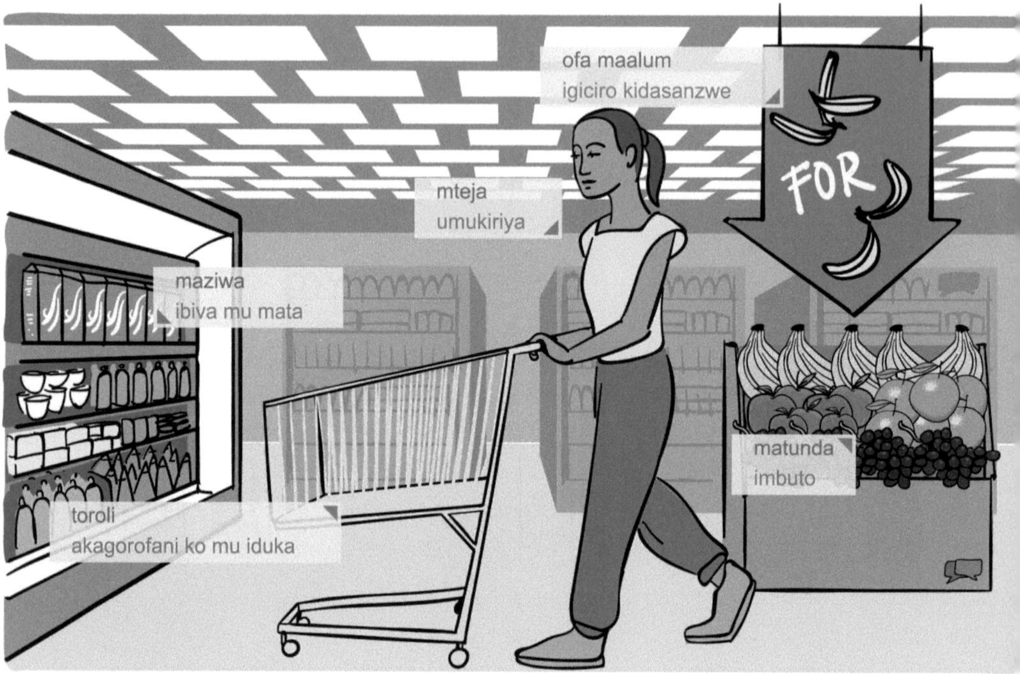

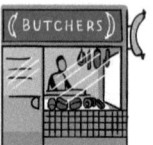

mchinjaji

busheri

BAKERY

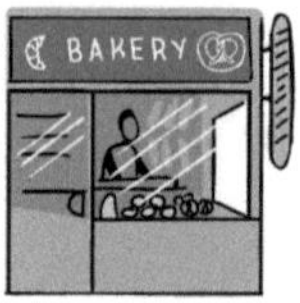

mwokaji

buranjeri

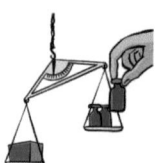

uzito

gupima ibiro

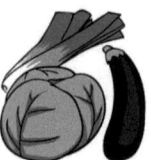

mboga

imboga

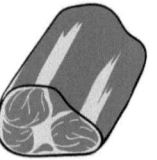

nyama

inyama

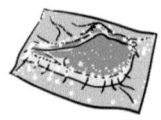

chakula waliohifadhiwa

ibiryo bakonjesheje

vipande vya nyama baridi

inyama zikonje

chakula cha kopo

ibiryo byo mu makopo

sabuni ya unga

isabune y'ifu

pipi

bombo

bidhaa za kaya

ibikoresho byo mu rugo

bidhaa za kusafisha

imiti isukura

mtu mauzo

umucuruzikazi

mpaka

kukesa

keshia

umubitsi

orodha ya manunuzi

urutonde rwo guhaha

masaa ya ufunguzi

amasaha haba hafunguye

mkoba

ipotomoni

kadi

ikarita ya banki

mfuko

umufuka

mfuko wa plastiki

imifuko ya pulasitike

maji
amazi

sharubati
umutobe

maziwa
amata

coke
koka

mvinyo
divayi

bia
byeri

pombe
inzoga

kakao
shokora ishyushye

chai
icyayi

kahawa
ikawa

spreso
ikawa ya esipereso

kapuchino
kapucino

ndizi
umuneke

tufaha
pome

machungwa
icunga

tikiti
wotameloni

lemon
indimu

karoti
karoti

kitunguu saumu
tungurusumu

mianzi
umugano

kitunguu
urutunguru

uyoga
icyoba

karanga
ubunyobwa

nudo
amakaroni

spageti

spageti

mpunga

umuceri

saladi

salade

vibanzi

udufiriti

viazi vya kukaanga

ibirayi by'ifiriti

piza

piza

hambaga

hamburugeri

sandwichi

sanduwici

kipande

escalope

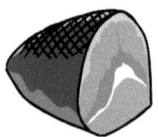

paja la mnyama

jambo

salami

salami

soseji

sosiso

kuku

inkoko

choma

kotsa

samaki

ifi

oats ya uji

igikoma cy'uburo

muesli

pisitashi

cornflakes

impeke

unga

ifu

kroisanti

kuruwasa

andazi

amandazi

mkate

umugati

mkate wa kubanika

umugati wumishijwe

biskuti

ibisuguti

siagi

amavuta

maziwa mgando

forumaje year

keki

keke

yai

igi

yai kukaanga

umureti

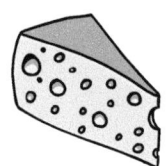

jibini

forumaje

aiskrimu

ayisikirimu

sukari

isukari

asali

ubuki

jemu

konfitire

kuenea kwa chokoleti

shokora

mchuzi wa viungo

kiri

chakula - ibiribwa

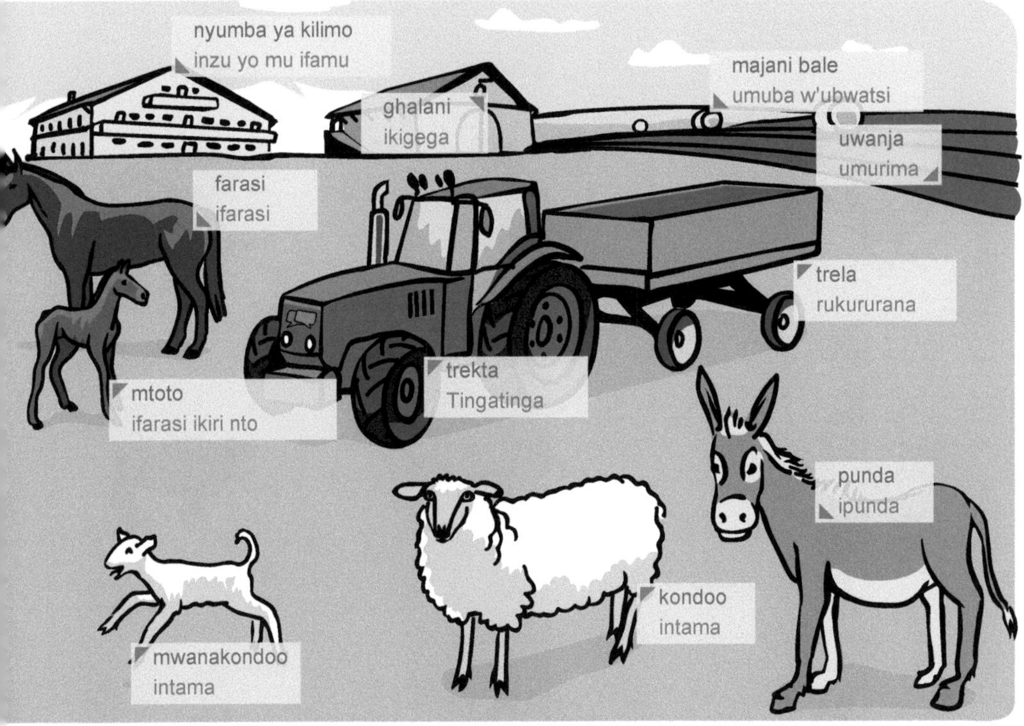

nyumba ya kilimo
inzu yo mu ifamu

ghalani
ikigega

majani bale
umuba w'ubwatsi

uwanja
umurima

farasi
ifarasi

trela
rukururana

mtoto
ifarasi ikiri nto

trekta
Tingatinga

punda
ipunda

kondoo
intama

mwanakondoo
intama

mbuzi

ihene

ng'ombe

inka

ndama

umutavu

nguruwe

ingurube

mwananguruwe

ikibwana k'ingurube

fahali

ikimasa

batabukini

igishuhe

bata

imbata

kifaranga

umushwi

kuku

inkokokazi

jogoo

isake

panya

imbeba

paka

injangwe

panya

imbeba

ng'ombe

ikimasa

mbwa

imbwa

nyumba ya mbwa

ikiruka

bomba la bustani

itiyo ijyana mu karima

debe la kumwagilia maji

arozuwari

fyekeo

najuru

kulima

imashini ihinga

mundu

najuru

jembe

isuka

uma wa nyasi

rato

shoka

ishoka

toroli

ingorofani

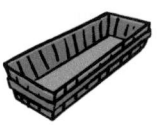

kupitia nyimbo

ikibumbiro

chombo cha maziwa

inkongoro

gunia

igunira

ua

urugo

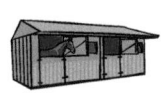

imara

ikiraro

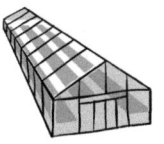

chafu

inzu ihingwamo

udongo

ubutaka

mbegu

imbuto zo gutera

mbolea

ifumbire

kivunaji

imashini isarura

mavuno

gusarura

mavuno

umusaruro

viazi vikuu

ibikoro

ngano

ingano

soya

soya

viazi

ikirayi

mahindi

ikigori

rapa

umwayi weze

mti wa matunda

igiti k'imbuto

muhogo

umwumbati

nafaka

impeke

nyumba
inzu

chimni
shemine
paa
igisenge
bomba la maji ya mvua
umureko
dirisha
idirishya
gareji
igaraji
kengele ya mlangoni
inzogera yo ku muryango
mlango
umuryango
pipa la taka
pubere
sanduku la barua
agasanduku k'amabaruwa
bustani
ubusitani

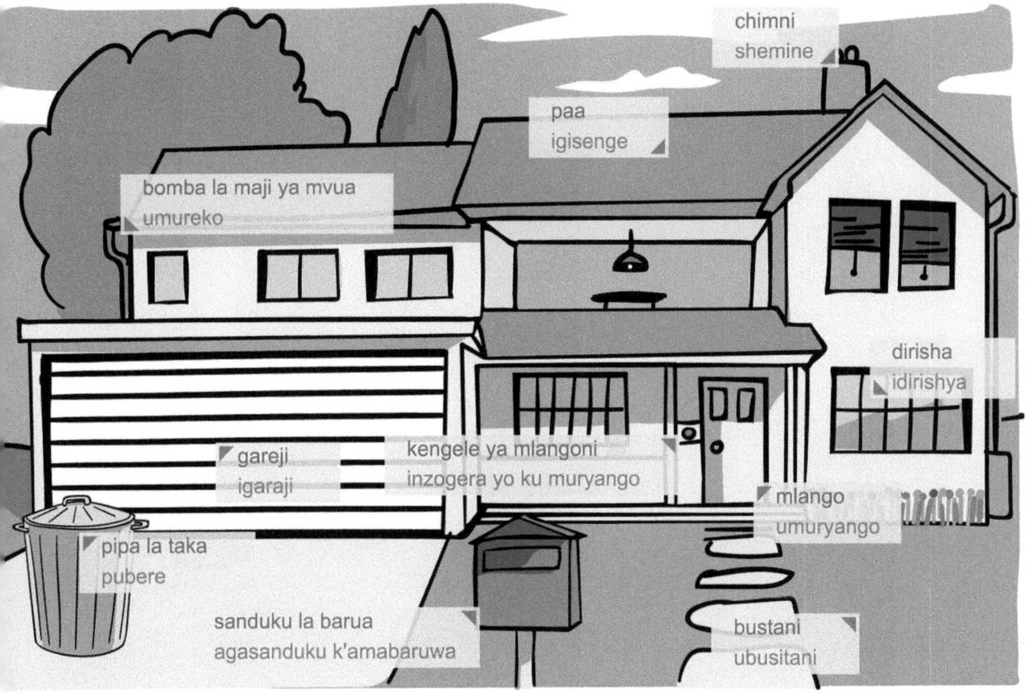

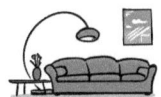

sebuleni

icyumba cy'uruganiriro

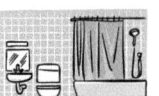

bafu

ubwogero

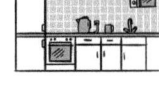

jikoni

igikoni

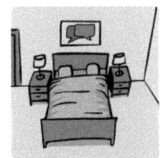

chumba cha kulala

icyumba cyo kuraramo

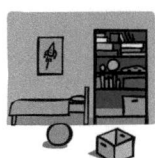

chumba ya mtoto

icyumba cy'abana

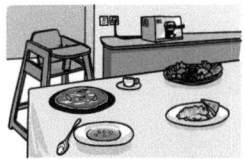

chumba cha kulia

uburiro

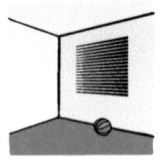

sakafu

hasi

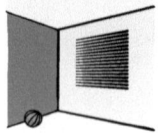

ukuta

urukuta

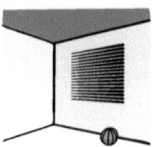

dari

purafo

pishi

kave

sauna

sawuna

roshani

urubaraza

mtaro

ku rubaraza

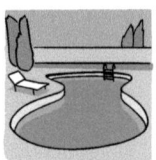

kidimbwi

pisine

mashine ya kukata nyasi

imashini ikupakupa

karatasi

umwenda utwikira

kitambaa cha kupamba
kitanda

kuvureri

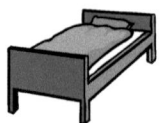

kitanda

igitanda

ufagio

umweyo

ndoo

indobo

kubadili

enteributeri

sebuleni

icyumba cy'uruganiriro

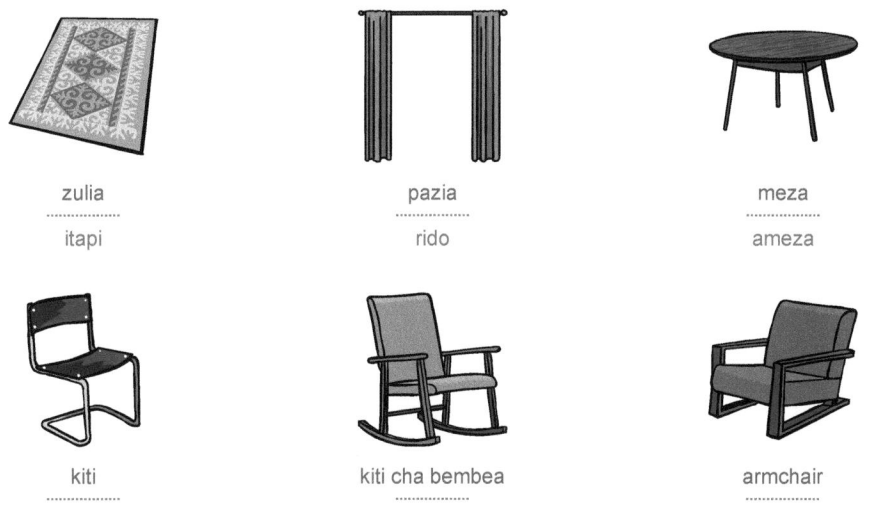

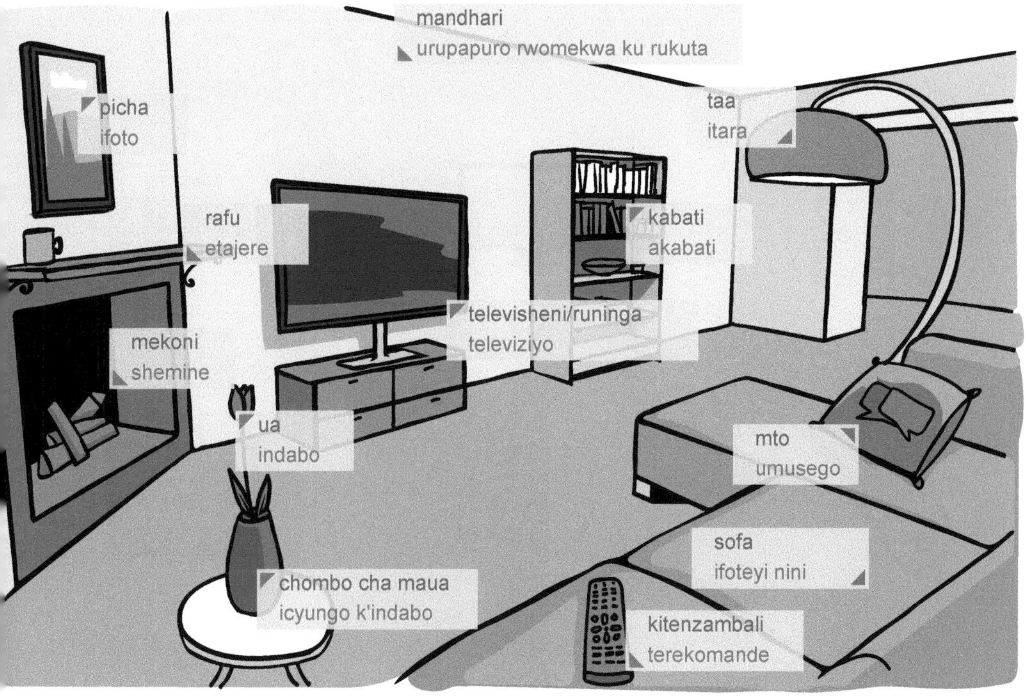
mandhari
urupapuro rwomekwa ku rukuta
picha
ifoto
taa
itara
rafu
etajere
kabati
akabati
televisheni/runinga
televiziyo
mekoni
shemine
ua
indabo
mto
umusego
sofa
ifoteyi nini
chombo cha maua
icyungo k'indabo
kitenzambali
terekomande

zulia

itapi

pazia

rido

meza

ameza

kiti

intebe

kiti cha bembea

intebe yizengurutsa

armchair

ifoteyi

kitabu

igitabo

blanketi

uburingiti

mapambo

umutako

kuni

inkwi

filamu

filimi

kifaa cha hi-fi

ibikoresho bya hifi

ufunguo

urufunguzo

gazeti

ikinyamakuru

uchoraji

ishusho

bango

icyapa

redio

iradiyo

daftari

ikarine

kifyonza

umweyo wa kizungu
ukoresha umwka

dungusi kakati

ikimungu

mshumaa

buji

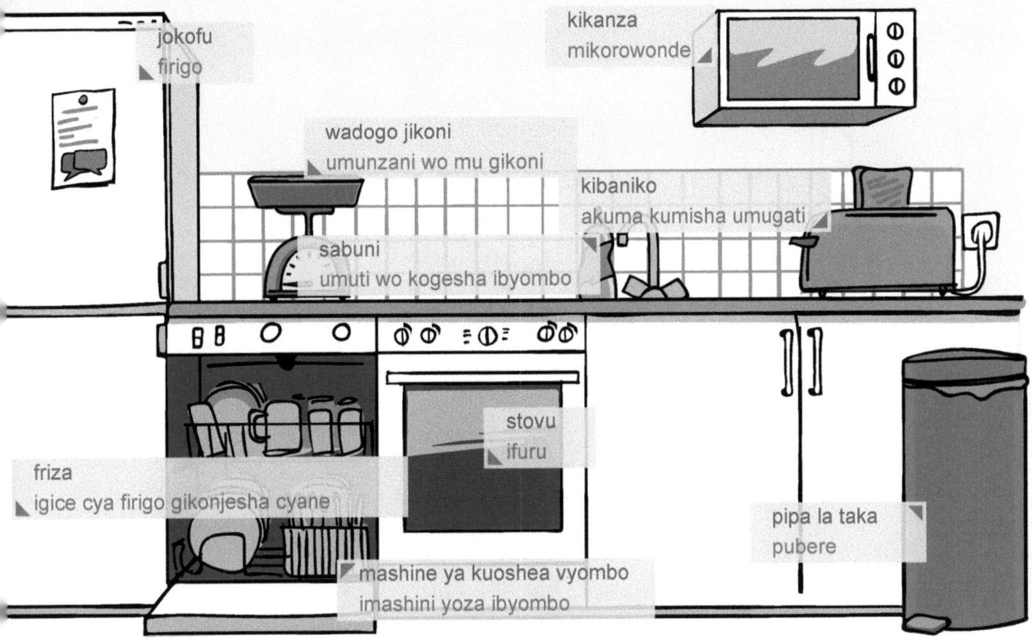

jokofu
firigo

kikanza
mikorowonde

wadogo jikoni
umunzani wo mu gikoni

kibaniko
akuma kumisha umugati

sabuni
umuti wo kogesha ibyombo

friza
igice cya firigo gikonjesha cyane

stovu
ifuru

pipa la taka
pubere

mashine ya kuoshea vyombo
imashini yoza ibyombo

jiko la kupika

iziko

chungu

icyungo

sufuria ya chuma

inkono y'icyuma

wok / kadai

ipanu ifukuye cyane

kaango

ipanu

birika

ibirika

stima

isafuriya ya peresiyo

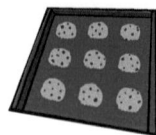

sinia ya kuoka

isahani yo mu ifuru

vyombo vya udongo

ibyombo

kombe

igikombe

bakuli

isorori

vijiti vya kulia

uduti abashinwa barisha

ukawa

ikiyiko kigabura

mwiko mpana

lkiyiko cyarura ifiriti

burashi

umutozo

kichujio

paswari

chujio

akayunguruzo

mbuzi

agaharuzo ka karoti

chokaa

isekuru

barbeque

icyokezo

moto wazi

shomine

ubao wa majaribio

akabaho ko gukatiraho
imboga

kijiti cha kusukuma unga

umwuko

kizibuo

urufunguzo rwa divayi

kopo

agakopo

inaweza kopo

urufunguzo rw'amakopo

kishikio cha chungu

umukondo w'icyungo

karo

ravabo

brashi

uburoso

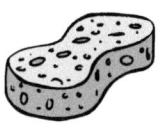

sifongo

iponji

kisagaji matunda

mixer

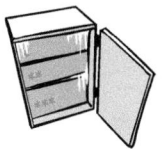

friji ya kina

firigo itambitse

chupa ya mtoto

bibero

bomba

robine

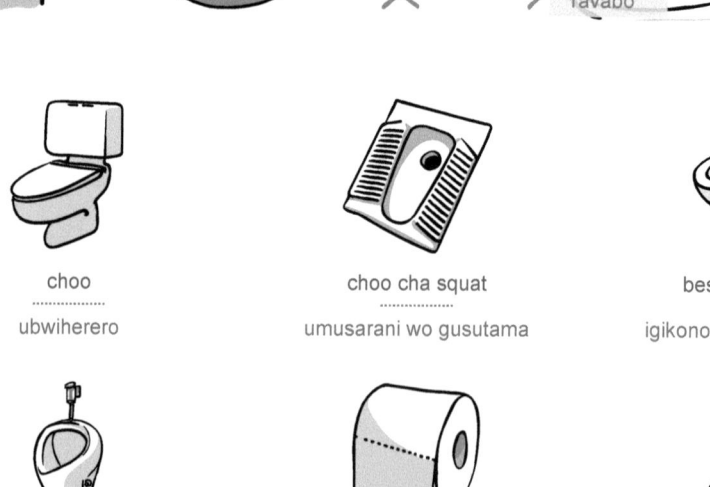

bafu

ubwogero

mfereji wa kuogea
robine imishagira amazi ku mubiri mu bwogero
joto
umushyushya
taulo
isume
pazia la kuogea
rido y'ubwogero
maji ya kuoga yenye povu
isabune y'ifuro yo koga
hodhi
umuvure w'ubwogero
glasi
ikirahure cyo kunywesha
mashine ya kuosha
imashini imesa
bomba
robine
vigae
amakaro
poti
igikono bitumamo
karo
ravabo

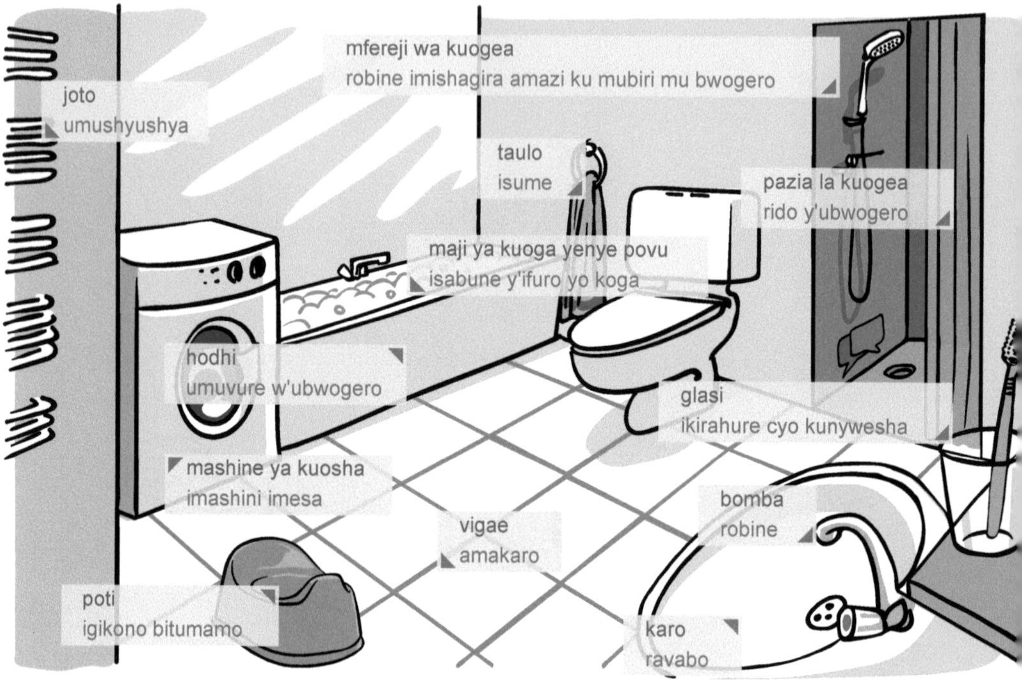

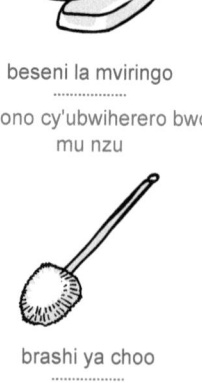

choo
....
ubwiherero

choo cha squat
....
umusarani wo gusutama

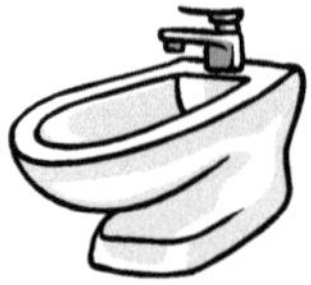

beseni la mviringo
....
igikono cy'ubwiherero bwo mu nzu

choo cha umma
....
aho bihagarika

shashi
....
papiyejenike

brashi ya choo
....
uburoso bwo mu bwiherero

mswaki

uburoso bw'amenyo

dawa ya meno

korogati

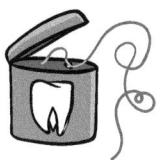

dawa ya meno

akagozi ko kwihaganyuza
amenyo

safisha

gukaraba

kuoga mkono

akamishagira amazi ku
mubiri bafata mu ntoki

msukumo wa maji

ubwogero bw'amazi yisuka

bonde

avabo bakarabiramo intoki

mpako wa pili

uburoso bwo kwitsiritisha
mu mugongo

sabuni

isabune

jeli ya kuogea

isabune yo mu bwogero

shampuu

isabune yo kumeshesha
umusatsi

flana

icyangwe cyo kwiyuhagiza

toa maji

kuyobora amazi yanduye

krimu

ikimuri

kiondoa harufu

umubavu

kioo

ikirori cyo mu ntoki

kioo mkono

ikirori cyo mu ntoki

kinyozi

urwembe

povu la kunyoa

ifuro ryo kurinda imiburu

baada ya kunyoa

umuti ukingira imiburu

kichana

igisokozo

brashi

uburoso

kikausha nywele

imashini yumisha umusatsi

marashi ya nyewele

amarashi y'umusatsi

vipodozi

igishahuro cyo kwitera

kidomwa

rujalevure

varnish ya msumari

verini y'inzara

pamba

ipamba

mkasi wa kucha

agasena inzara

manukato

umubavu

mkoba wa kuosha
....
agafuka k'ibikoresho byo
mu bwogero

kinyesi
....
intebe

mizani
....
umunzani

nguo ya kuoga
....
ikanzu yo kujyana mu
bwogero

glavu za mpira
....
udupfukantoki two
gusukuza

kisodo
....
urubindo

sodo
....
udupapuro two
kwihanaguza mu bwiherero

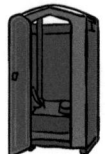

kemikali choo
....
ubwiherero bwimukanwa

chumba ya mtoto
icyumba cy'abana

saa ya kengele
inzogera y'isaha ikangura
kidoli cha kupakata
igipupe gikoze mu myenda
gari bandia
udukinisho tw'imodoka
kelele
ikinyuguri
chumba cha midoli
inzu y'ibipupe
sasa
impano

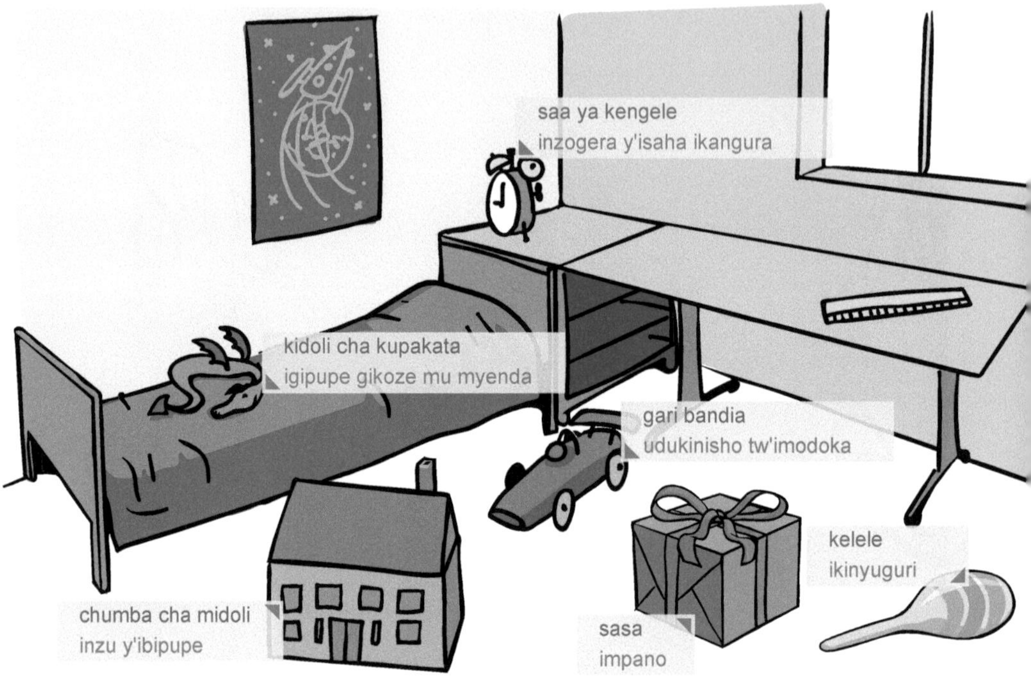

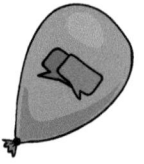

baluni

ballon

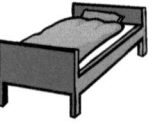

kitanda

igitanda

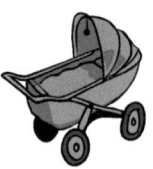

mashua

agapusipusi

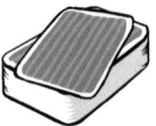

staha ya kadi

amakarita

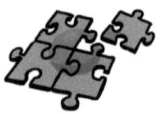

mchezo-fumb

kubaka ishusho bacagaguye

SUPER MEGA

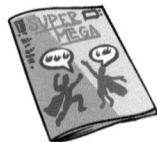

vichekesho

inkuru isetsa

matofali lego

gucomekanya udutafari

vitalu mwigo

udutafari tw'udukinisho

hatua takwimu

igikinisho

suti ya kulalia

ipinjama y'uruhinja

kisahani

gutera indege

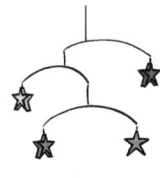

simu

terefoni ngendanwa

ubao wa michezo

imikino yo kuganiriraho

kete

igisoro

garimoshi mwigo

gariyamoshi y'igikinisho

dummy

ikinyonyo

chama

umunsi mukuru

picha kitabu

arubumu

mpira

umupira

kikaragosi

agapupe

kucheza

gukina

shimo la mchanga

igikarito cy'umucanga

bembea

urwicundo

vitu bandia

ibikinisho

kiweko cha video ya mchezo

agasanduku k'imikino yo kuri videwo

baiskeli ya magurudumu

akagare k'imipine itatu

matatu

mwanasesere

igipupe k'ibyoya

kabati

akabati k'imyenda

soksi

amasogisi

stokingi

amasogisi afatanye n'ikariso

kibano

kora

skafu
akitero

mwavuli
umutaka

fulana
agapira ko hejuru

ukanda
umukandara

viatu
bote

ndara
inkweto zo kubyukana

wakufunzi
superese

malapa
isandari

viatu
inkweto

mabuti ya mpira
bote za kawucu

suruali ya ndani
imyenda y'imbere

sidiria
isutiye

fulana
isengeri

mwili
body

suruali
ipantalo

dangirizi
ikoboyi

sketi
ijipo

blauzi
ishati y'abagore

shati
ishati

vuta
umupira w'imbeho

sweta
umupira w'ingofero

bleza
agakoti

jaketi
ijaketi

koti
ikoti

koti la mvua
ikoti ry'imvura

maleba
umwambaro w'ibikino

gauni
ikanzu

mavazi ya harusi
ikanzu y'abageni

nguo - imyambaro

suti

kostitimu

vazi la usiku

ikanzu yo kurarana

pajama

ipinjama

sari

umukenyero w'abahindikazi

skafu

igitambaro cyo mu mutwe

kilemba

urugori

burka

umwitandiro uhisha isura

kaftan

ikanzu ndende

abaya

igishura

vazi la kuogelea

imyenda yo
kwidumbaguzanya

vazi la kiume la kuogelea

ikariso yo
kwidumbaguzanya

kaptura

ikabutura

teitei

tereningi

aproni

itaburiya

glavu

udupfukantoki

kifungo

igipesu

glasi

amadarubindi

bangili

igikomo

mkufu

umukufi

pete

impeta

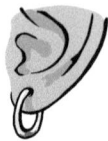

herini

iherena

kofia

ingofero

kiango cha koti

porutemanto

kofia

ingofero

tai

karuvati

zipu

imashini yo ku mwenda

kofia

kasike

kanda za suruali

amaburuteri

sare za shule

umwambaro w'ishuri

sare

impuzankano

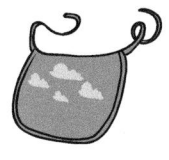

bibu

agakingirankonda

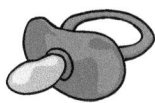

dummy

ikinyonyo

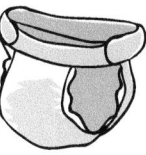

nepi

amaranje

ofisi
ibiro

seva
seriveri
kabati la kuweka faili
akabati k'impapuro
kichapishaji
empirimante
karatasi
urupapuro
kiwambo
ekara
kipanya
suri
dawati
ameza yo kwandikiraho
folda
karaseri
kibodi
karaviye
u cha kuweka karatasi chafu
e
kompyuta
mudasobwa
kiti
intebe

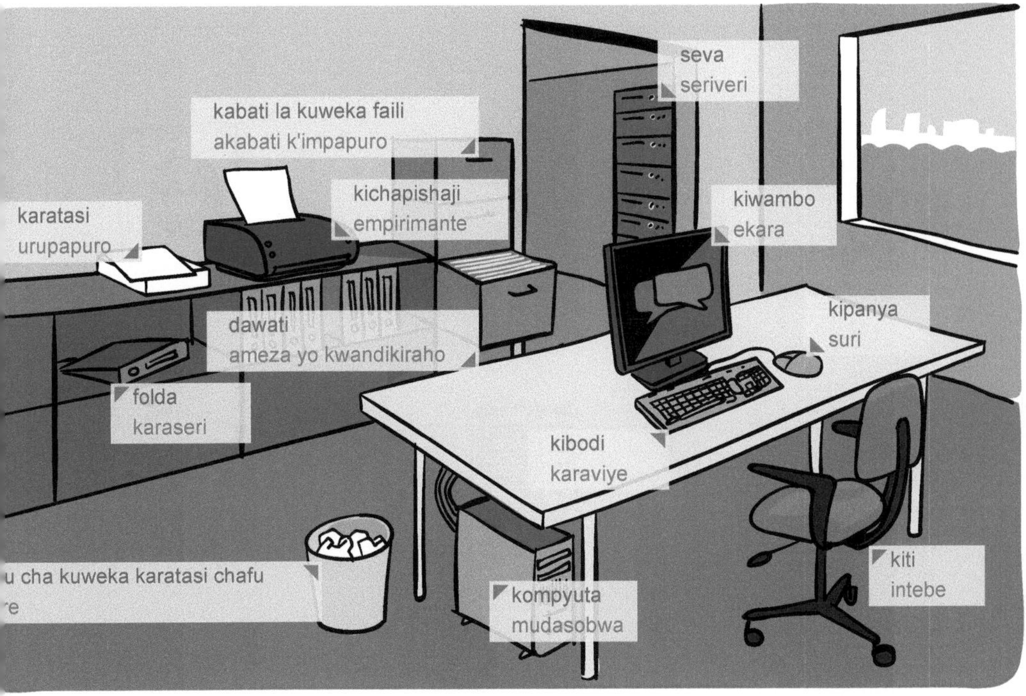

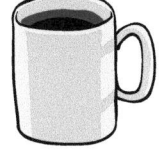

kmobe la kahawa

igikombe k'ikawa

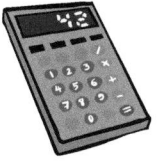

kikokotoo

akabarisho

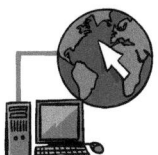

biashara

enterineti

mbali

laputopu

barua

ibaruwa

ujumbe

ubutumwa

rununu

ngendanwa

intaneti

netiwake

fotokopia

fotokopiyeze

programu

porogaramu

simu

telefoni

soketi

purize

kipepesi

imashini yohereza fagisi

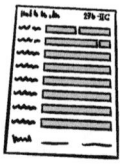

fomu

fomu

hati

inyandiko

kununua
kugura

kulipa
kwishyura

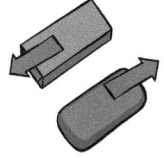

biashara
gucuruza

fedha
amafaranga

 USD

dola
idorari

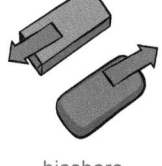 EUR

yuro
iyero

JPY

yeni
iyeni

RUB

rouble
irubure

CHF

faranga ya Uswisi
ifaranga ry'irisuwisi

CNY

renminbi yuan
iriyuwani

INR

rupia
irupi

eneo la kulipia
icyuma cya banki
babikurizaho

ofisi ya ubadilishanaji
ku muvunjayi

dhahabu
zahabu

fedha
feza

mafuta
peteroli

nishati
ingufu z'amashanyarazi

bei
igiciro

mkataba
kontaro

kodi
tagisi

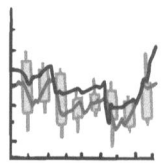

bidhaa
isoko ryo kugura no
kugurisha

kazi
gukora

mfanyakazi
umukozi

mwajiri
umukoresha

kiwanda
uruganda

duka
iduka

kazi
imirimo

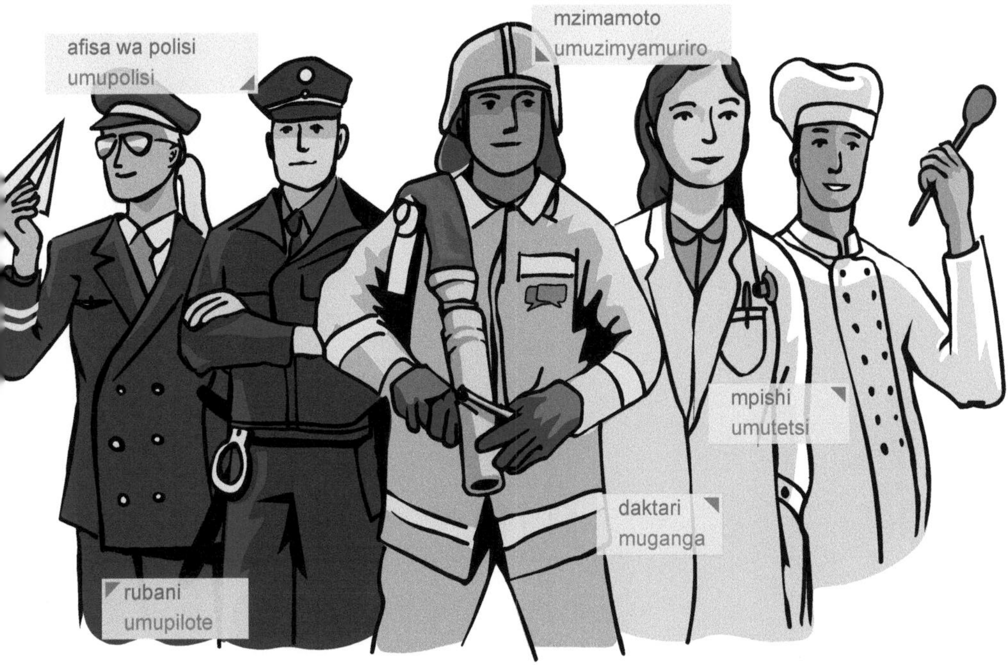
afisa wa polisi
umupolisi
mzimamoto
umuzimyamuriro
mpishi
umutetsi
daktari
muganga
rubani
umupilote

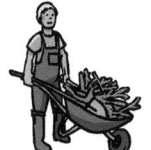

mtunza bustani

umujaridiniye

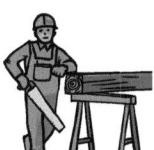

seremala

umubaji

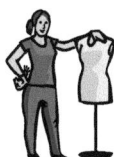

mshonaji

umudozi

hakimu

umucamanza

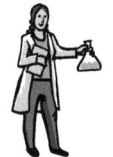

mwanakemia

umunyabutabire

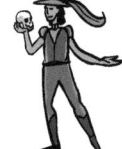

muigizaji

umukinnyi wa filimi

dereva wa basi

umushoferi wa bisi

dereva wa teksi

umushoferi wa tagisi

mvuvi

umurobyi

mwanamke wa kusafisha

umugore ushinzwe gukora
isuku

mwezekaji

umufundi usakara

mhudumu

umuseriveri

mwindaji

umuhigi

mchoraji

umuntu usiga irangi

mwokaji

Umuntu ukora imigati

umeme

Umuntu ukora mu
mashanyarazi

mjenzi

umufundi

mhandisi

injenyeri

mchinjaji

umubazi

fundi bomba

umutnu ukora mu mazi

mwanaposta

umuparanto

mwanajeshi

umusirikare

msanifu majengo

umwubatsi

keshia

umubitsi

muuza maua

muntu ukora mu by'indabo

msusi

kimyozi

kondakta

komvuwayeri

mekanika

umukanishi

nahodha

kapiteni

daktari wa meno

muganga w'amenyo

mwanasayansi

umuhanga muri siyansi

rabbi

rabi

imamu

imamu

mtawa

umumwane

kasisi

umuyobozi w'idini

zana
ibikoresho

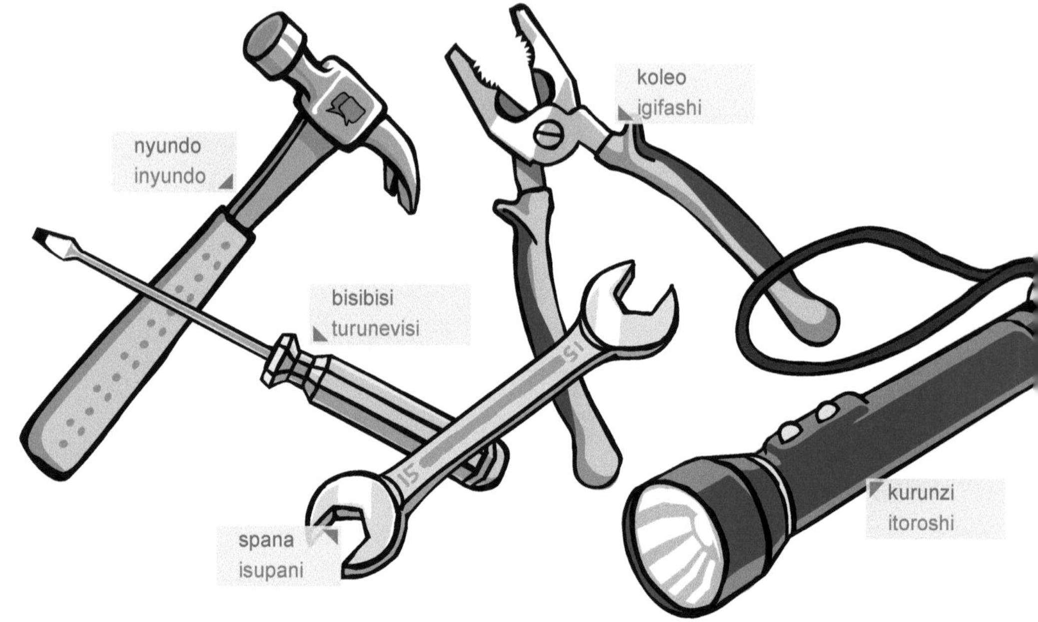
koleo
igifashi
nyundo
inyundo
bisibisi
turunevisi
spana
isupani
kurunzi
itoroshi

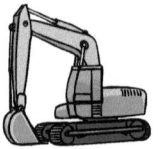

mchimbaji

ipiki

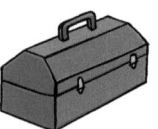

sanduku la vifaa

isanduku y'ibikoresho

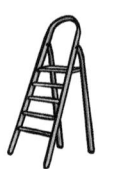

ngazi

urwego

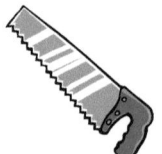

msumeno

urukero

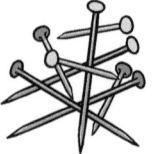

misumari

imisumari

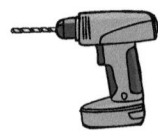

kuchimba visima

itindo

kukarabati

gusana

sepetu

igitiyo

Lo!

wo gacwa we

kishikio cha uchafu

igitiyo

chungu cha rangi

igikombe k'irangi

skurubu

amavisi

ala za muziki

ibyuma by'umuziki

mpangilio wa ngoma
ingoma z'ikizungu

spika
umuzindaro

gita
gitari

besi mara mbili
gitari y'ijwi ryo hasi

tarumbeta
urumbeti

piano

piyano

fidla

iningiri

ubeji

gitari idunda

timpani

sembare

ngoma

ingoma

kibodi

inanga ya kizungu

saksafoni

sagisofone

filimbi

umwirongi

maikrofoni

indangururamajwi

bustani ya wanyama

zoo

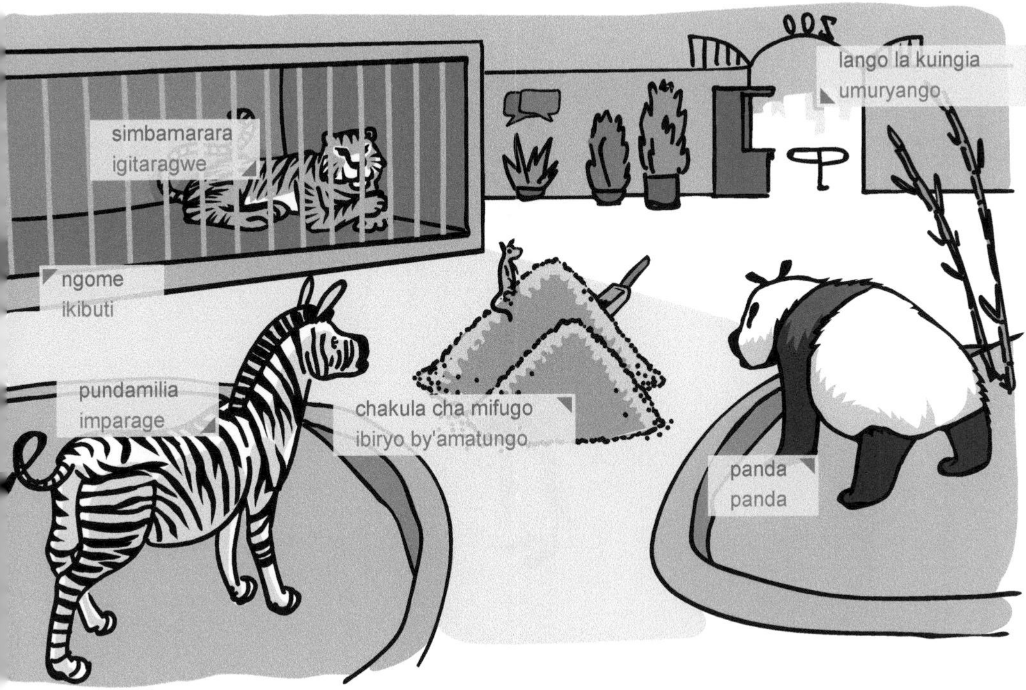

lango la kuingia
umuryango
simbamarara
igitaragwe
ngome
ikibuti
pundamilia
imparage
chakula cha mifugo
ibiryo by'amatungo
panda
panda

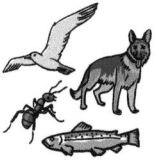

wanyama

inyamaswa

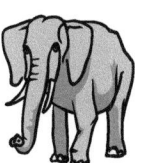

tembo

inzovu

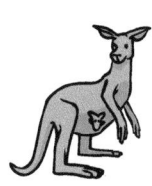

kangaruu

kanguru

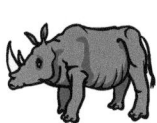

kifaru

inkura

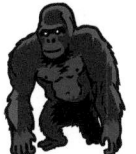

sokwe

ingagi

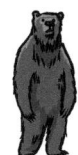

dubu

idubu

ngamia

ingamiya

mbuni

imbuni

simba

intare

tumbili

inguge

heroe

uruyongoyongo

kasuku

gasuku

dubu

idubu yo mu bukonie

penguini

inyoni yo ku mazi

papa

igifi kinini

tausi

inyoni y'amasunzu

nyoka

inzoka

mamba

ingona

mtunza wanyama

umurinzi

muhuri

umuhuri

jaguar

ingwe

mwanafarasi

icyana k'ifarasi

chui

ingwe

kiboko

imvubu

twiga

umusumbarembo

tai

inkona

nguruwe mwitu

isatura

samaki

ifi

kobe

akanyamasyo

sili

igifi k'imikaka

mbweha

umuhari

paa

isha

soka ya marekani
Futuboro y'abanyamerika

uendeshaji baiskeli
gusiganwa ku magare

tenisi
tenisi

mpira wa kikapu
Basiketi

kuogelea
umukino wo koga

magongo ya barafuni
Hoke yo ku rubura

ndondi
umukino w'amakofe

soka

umupira w'amaguru

vinyoya

umukino wa badminton

riadha

abakina imikino
ngororamubiri

mpira wa mikono

handibolo

skii

guserereka kuri neje

polo

polo

shughuli
ibikorwa

kuruka
gusimbuka
kumbatia
guhobera
cheka
guseka
kutembea
kugenda
kuimba
kuririmba
ota ndoto
kurota
kuomba
gusenga
busu
gusomana

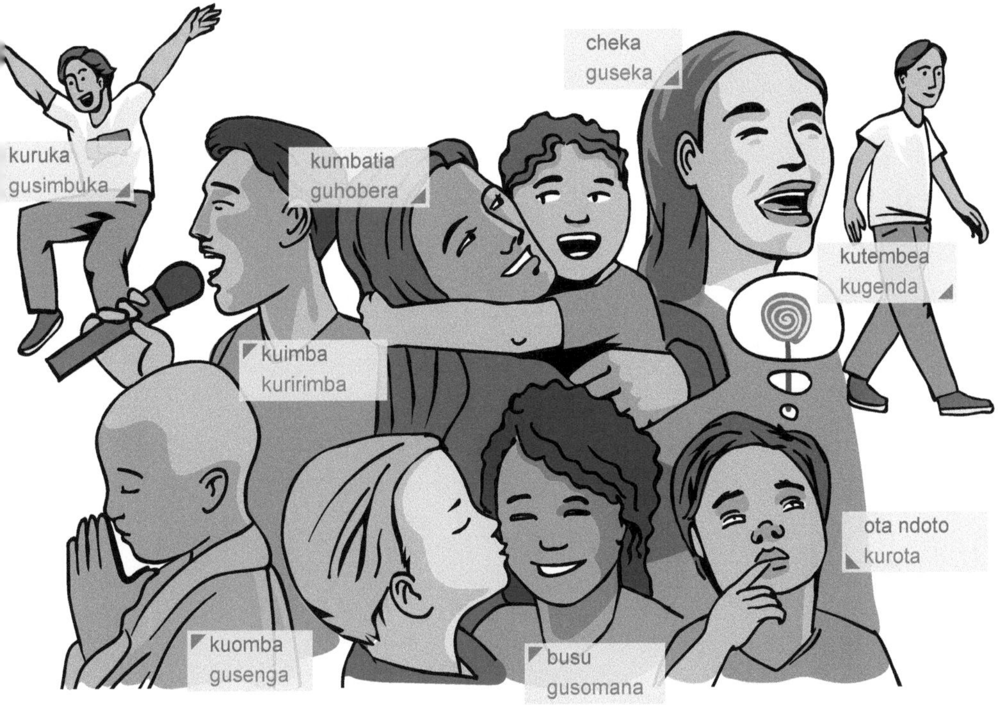

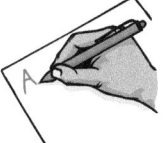

kuandika

kwandika

kuteka

gushushanya

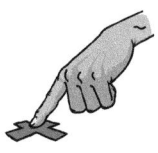

angalia

kwerekana

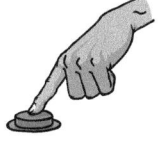

sukuma

gusunika

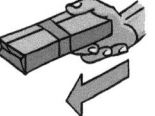

kutoa

gutanga

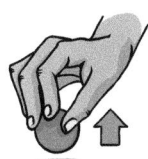

kuchukua

gufata

kuwa

kugira

fanya

gukora

kuwa

kuba

kusimama

guhaguruka

kukimbia

kwiruka

vuta

gukurura

kutupa

kujugunya

kuanguka

kugwa

hadaa

kuryama

kusubiri

gutegereza

kubeba

kwikorera

kukaa

kwicara

vaa nguo

kwambara

usingizi

gusinzira

kuamka

gukanguka

kuangalia
kureba

lia
kurira

kiharusi
kwagaza

chana nywele
gusokoza

ongea
kuvuga

kuelewa
gusobanukirwa

kuuliza
kubaza

kusikiliza
kumva

kunywa
kunywa

kula
kurya

nadhifisha
gushyira ku murongo

upendo
gukunda

mpishi
guteka

gari
gutwara imodoka

kuruka
kuguruka

meli

kugashya

kokotoa

kubara

kusoma

gusoma

kujifunza

kwiga

kazi

gukora

kuoa

kurongora

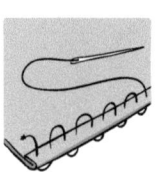

kushona

kudoda

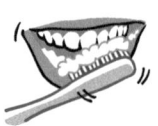

piga mswaki

uburoso bw'amenyo

kuua

kwica

moshi

kunywa itabi

kutuma

kohereza

familia
umuryango

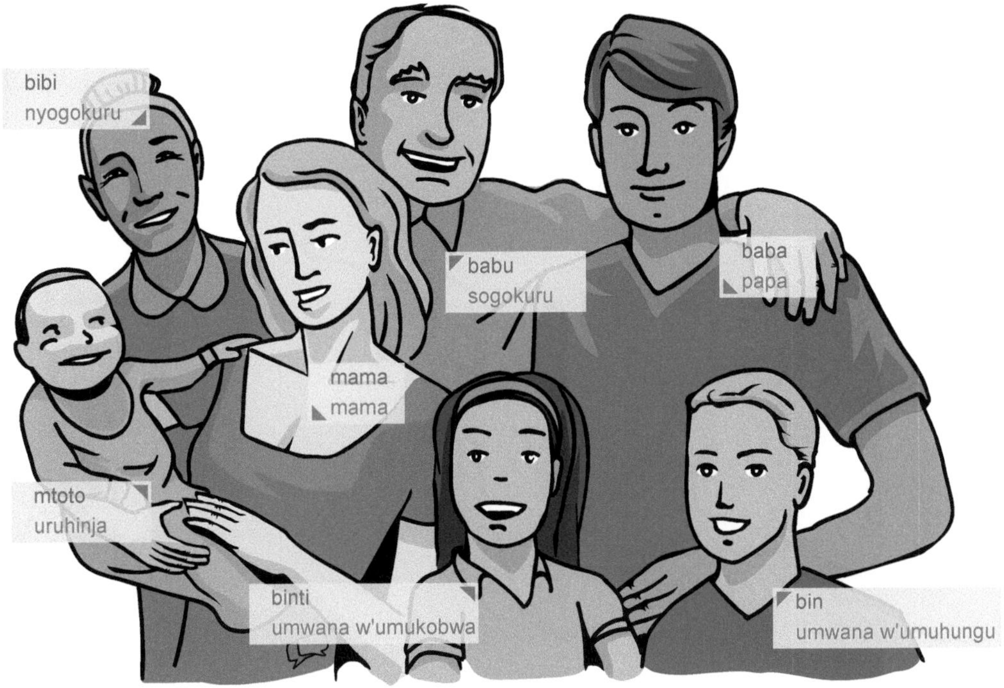
bibi
nyogokuru
babu
sogokuru
baba
papa
mama
mama
mtoto
uruhinja
binti
umwana w'umukobwa
bin
umwana w'umuhungu

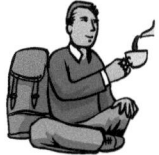

mgeni
umushyitsi

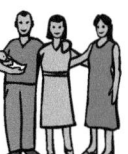

shangazi
masenge

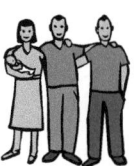

mjomba
marume

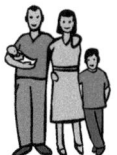

kaka
musaza wange

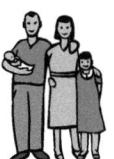

dada
mushiki wange

mwili

umubiri

paji la uso
agahanga k'imbere
jicho
ijisho
bega
urutugu
kidole
urutoki
uso
isura
kidevu
akananwa
mkono
ikiganza
mguu
ukuguru
matiti
ibere
mkono
ukuboko

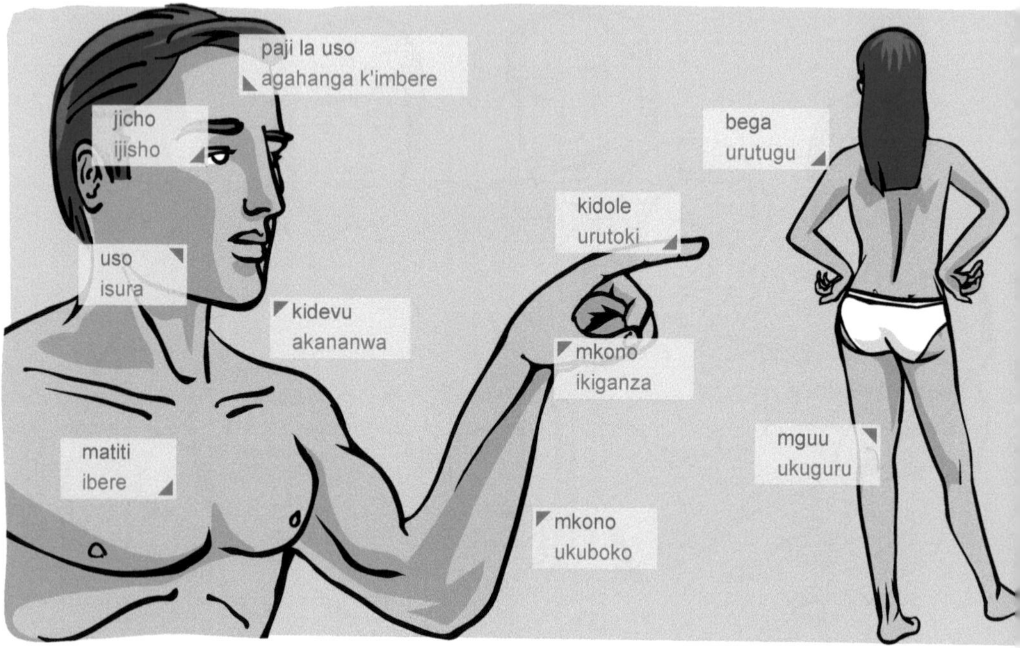

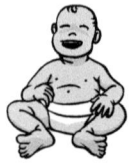

mtoto

uruhinja

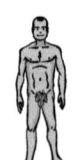

mwanamume

umugabo

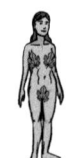

mwanamke

umugore

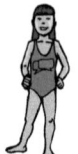

msichana

umukobwa

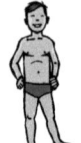

mvulana

umuhungu

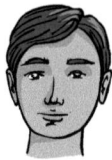

kichwa

umutwe

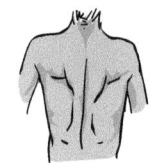

nyuma

umugongo

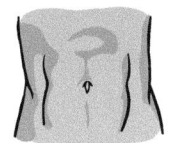

tumbo

inda

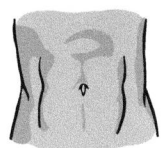

kitovu

umukondo

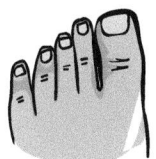

chano

ino

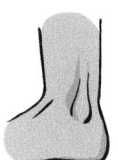

kisigino

agatsinsino

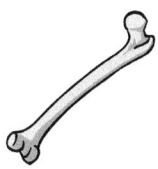

mfupa

igufa

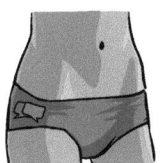

nyonga

amayunguyungu

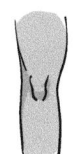

goti

ivi

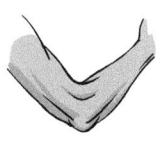

kiwiko

inkokora

pua

izuru

chini

ikibuno

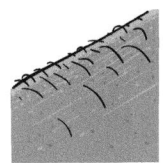

ngozi

uruhu

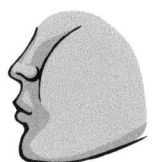

shavu

itama

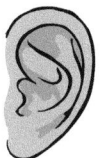

sikio

ugutwi

mdomo

umunwa

mwili - umubiri

kinywa
mu munwa

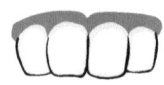

jino
iryinyo

ulimi
ururimi

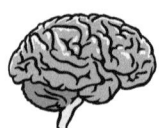

ubongo
ubwonko

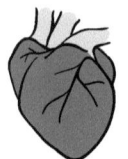

moyo
umutima

misuli
umutsi

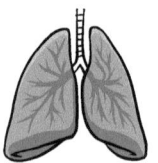

pafu
ibihaha

ini
umwijima

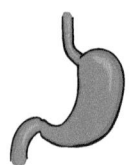

tumbo
igifu

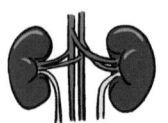

figo
impyiko

jinsia
igitsina

kondomu
agakingirizo

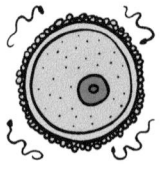

ovari
intanga

shahawa
amasohoro

mimba
gusama inda

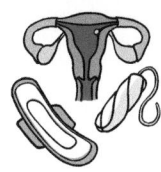

hedhi
....
imihango

uke
....
igituba

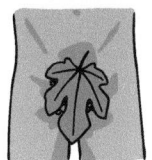

uume
....
imboro

unyusi
....
ibitsike

nywele
....
umusatsi

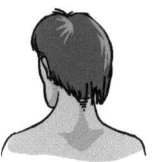

shingo
....
ijosi

hospitali
ibitaro

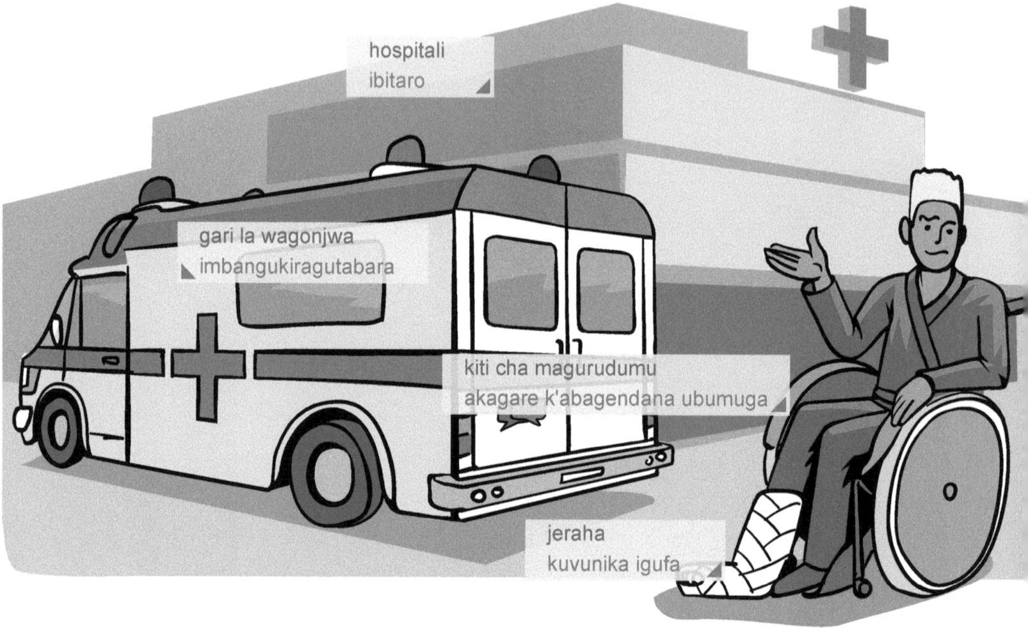

hospitali
ibitaro
gari la wagonjwa
imbangukiragutabara
kiti cha magurudumu
akagare k'abagendana ubumuga
jeraha
kuvunika igufa

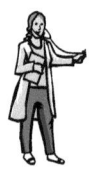

daktari
muganga

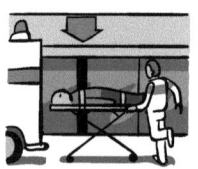

chumba cha dharura
icyumba k'indembe

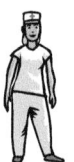

muuguzi
umuforomo kazi

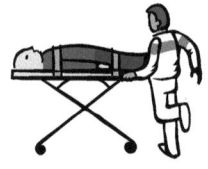

dharura
mu ndembe

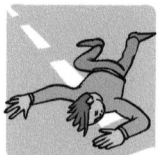

kupoteza fahamu
guta ubwenge

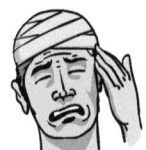

maumivu
ububabare

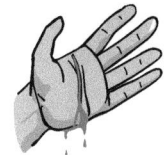

kuumia

igikomere

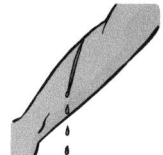

kutokwa na damu

kuva amaraso

mshtuko wa moyo

gufatwa n'umutima

kiharusi

kuziba k'udutsi two mu bwonko

mzio

kwivumbura k'umubiri

kikohozi

inkorora

homa

umuriro

mafua

ibicurane

kuharisha

impiswi

maumivu ya kichwa

kurwara umutwe

kansa

kanseri

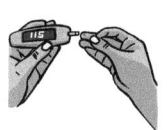

ugonjwa wa kisukari

diyabete

daktari mpasuaji

muganga ubaga

kisu kidogo cha kupasulia

icyuma kibaga umurwayi

operesheni

kubagwa

picha changanufu ya mwili

ifoto yo mu cyuma

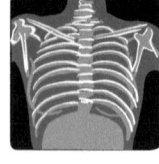

Eksrei

radiyo

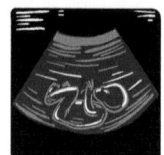

mawimbi sauti

isuzuma rikoresha amajwi

barakoa ya uso

agapfukamunwa

ugonjwa

indwara

chumba cha kusubiri

icyumba bategererezamo

mkongojo

imbago yo kwicumba

plasta

pasema

bendeji

igipfuko

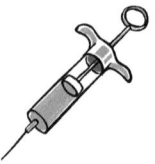

sindano

urushinge

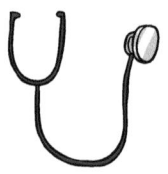

stetoskopu

igipimo cy'umutima

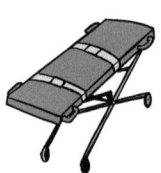

machela

burankari

kipimajoto cha kliniki

igipimo cy'umuriro

kuzaliwa

ivuka

unene kupita kiasi

umubyibuho ukabije

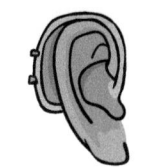

kusikia misaada

yunganirangingo y'amatwi

kipukusi

umuti wica mikorobe

maambukizi

ubwandu

virusi

virusi

VVU / UKIMWI

Virusi itera sida / Sida

dawa

ubuganga

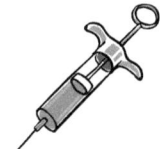

chanjo

gukingira

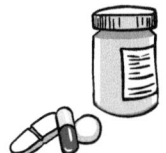

vidonge

ibinini

kidonge

ikinini

simu ya dharura

guhamagara byihutirwa

haemodainamometa

igenzura ry'umuvuduko
w'amaraso

mgonjwa / mwenye afya

urwaye / ufite amagara
meza

Msaada!

Ntabara!

kengele

inzogera itabaza

pigo

gusagarira

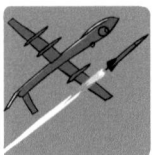

shambulizi

igitero

hatari

icyateza amakuba

lango la dharura

umuryango unyuramo ukiza amagara

Moto!

Inkongi!

kizima moto

ikizimyamuriro

ajali

impanuka

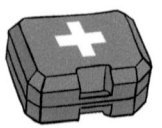

vifaa vya huduma ya kwanza

ibikoresho by'ubutabazi bw'ibanze

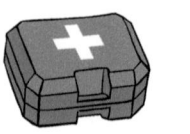

wito wa msaada

induru itabaza

polisi

polisi

Ulaya

Uburayi

Amerika ya Kaskazini

Amerika y'Amajyaruguru

Amerika ya Kusini

Amerika y'Amagepfo

Afrika

Afurika

Asia

Aziya

Australia

Ositarariya

Atlantiki

Atalantika

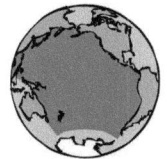

Pasifiki

Oasifika

Bahari ya Hindi

Inyanja y'Abahinde

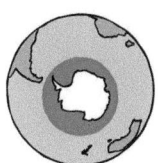

Bahari ya Antaktiki

Inyanja y'Antagitika

Bahari ya Aktiki

Inyanja y'Arigitika

Ncha ya Kaskazini

Amajyaruguru y'Isi

Ncha ya Kusini	Antaktika	dunia
Amagepfo y'Isi	Antaragitika	Isi

nchi	bahari	kisiwa
ubutaka	ikiyaga	ikirwa

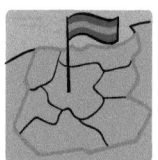

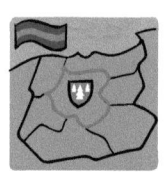

taifa	jimbo
igihugu	leta

uso wa saa

kadere y'isaha

akrabu ya saa

urushinge rw'amasaha

akrabu ya dakika

urushinge rw'iminota

akrabu ya sekunde

urushinge rw'amasegonda

Ni saa ngapi?

ni isaha ki?

siku

umunsi

wakati

igihe

sasa

nonaha

saa ya dijitali

isaha y'imibare

dakika

iminota

saa

amasaha

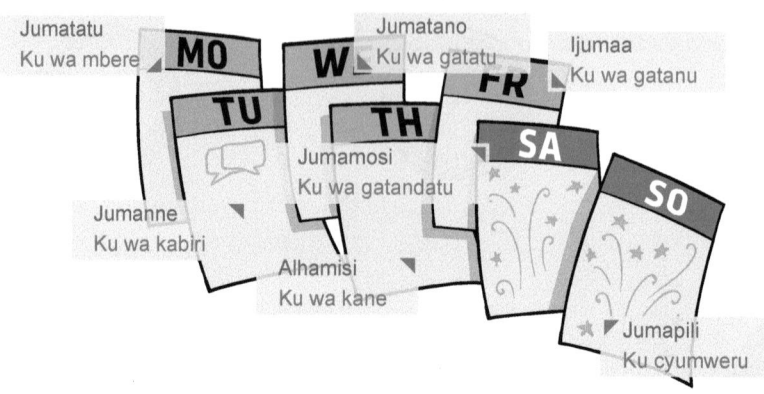

Jumatatu
Ku wa mbere

Jumatano
Ku wa gatatu

Ijumaa
Ku wa gatanu

Jumamosi
Ku wa gatandatu

Jumanne
Ku wa kabiri

Alhamisi
Ku wa kane

Jumapili
Ku cyumweru

jana

ejo hashize

leo

kesho

ejo hazaza

asubuhi

igitondo

saa sita mchana

saa sita

jioni

ku mugoroba

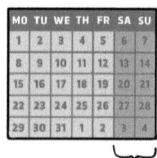

siku za biashara

iminsi y'akazi

mwishoni mwa wiki

wikendi

mwaka
umwaka

mvua
imvura
upinde wa mvua
umukororombya
theluji
neje
upepo
umuyaga
majira ya machipuko
urugaryi
vuli
umuhindo
kiangazi
iki
majira ya baridi
igihe cy'ubukonje

4.APRIL 11°
5.APRIL 4°
6.APRIL 13°
7.APRIL 8°
8.APRIL 10°

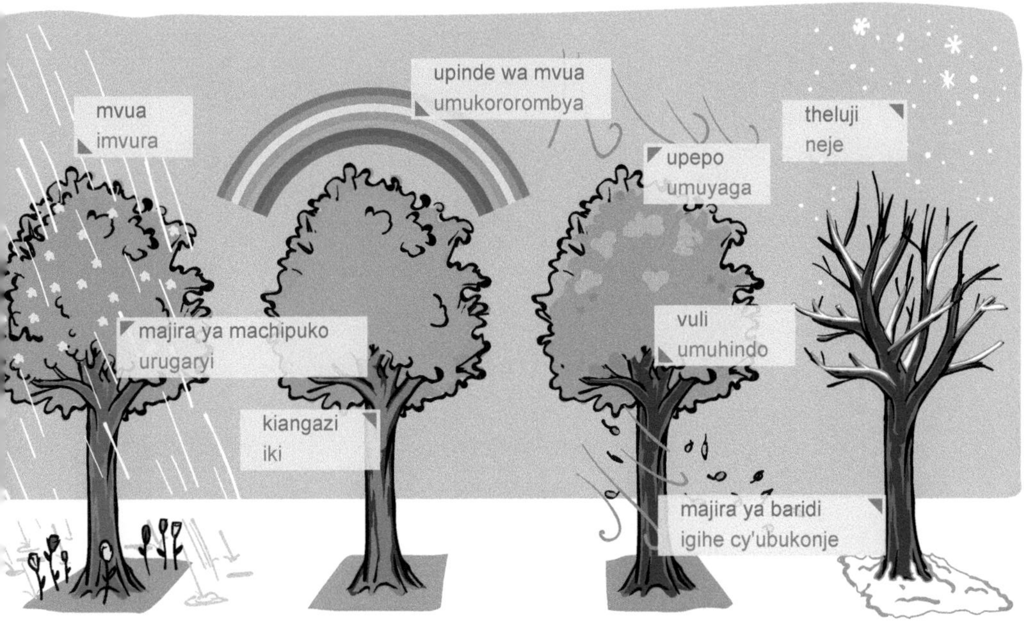

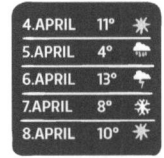

utabiri wa hali ya hewa

itegan yagihe

F C
120 90 60 30 0 -30
40 30 20 10 0 -10 -20

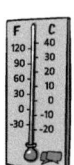

kipimajoto

igipimo cy'ubushyuhe

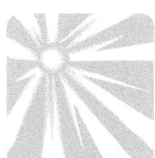

mwanga wa jua

izuba rirashe

wingu

ibicu

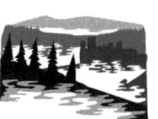

ukungu

ibihu

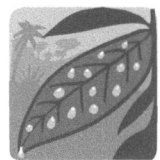

unyevu

ububobere

umeme

umurabyo

radi

inkuba

dhoruba

umuhengeri

mvua ya mawe

urubura

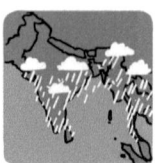

monsuni

imiyaga ihuha iturutse mu nyanja

mafuriko

umwuzure

barafu

barafu

Januari

Mutarama

Februari

Gshyantare

Machi

Werurwe

Aprili

Mata

Mei

Gicurasi

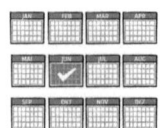

Juni

Kamena

Julai

Nyakanga

Agosti

Kanama

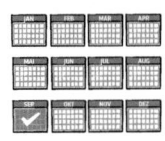

Septemba

Nzeri

Oktoba

Ukwakira

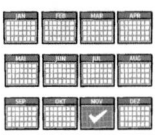

Novemba

Ugushyingo

Desemba

Ukuboza

maumbo
amaforoma

mduara

uruziga

mraba

mpandenye

mstatili

urukiramende

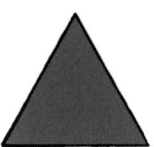

pembetatu

mpandeshatu

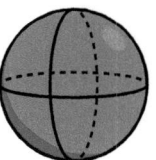

nyanja

umubumbe

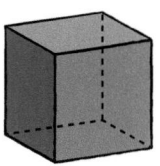

mchemraba

kibe

nyeupe

umweru

manjano

umuhondo

chungwa

oranje

rangi ya waridi

iroza

nyekundu

umutuku

hudhurungi

isine

bluu

ubururu

kijani

icyatsi kibisi

hanja

igihogo

jivujivu

ikigina

nyeusi

umukara

mengi / kidogo

byinshi / bike

hasira / pole

urakaye / utuje

nzuri / mbaya

mwiza / mubi

mwanzo / mwisho

intangiriro / impera

kubwa / ndogo

kinini / gito

angavu / giza

gikeye / kijimye

kaka / dada

musaza / mushiki

safi / chafu

gisukuye / cyanduye

kamilika / tokamilika

kirangiye / kitarangiye

siku / usiku

umunsi / ijoro

wafu / hai

wapfuye / muzima

pana / nyembamba

hagari / hafunganye

kulika / kutolika

kiribwa / kitaribwa

ovu / ema

umugome / ugwa neza

sisimkwa / udhika

ushishikaye / warambiwe

nene / nyembamba

ubyibushye / unanutse

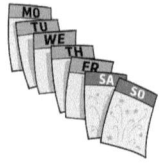

kwanza / mwisho

mbere / nyuma

rafiki / adui

inshuti / umwanzi

jaa / tupu

cyuzuye / kirimo ubusa

ngumu / laini

gikomeye / cyoroshye

nzito / nyepesi

kiremeye / kitaremereye

njaa / kiu

inzara / inyota

mgonjwa / mwenye afya

urwaye / ufite amagara
meza

haramu / kisheria

kemewe n'amategeko /
kibujijwe n'amategeko

akili / kijinga

umunyabwenge / igicucu

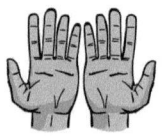

kushoto / kulia

iburyo / ibumoso

karibu / mbali

hafi / kure

mpya / kutumika
....
gishya / cyakoze

kitu / jambo
....
nta kintu gihari / hari ikintu
gihari

zee / changa
....
ushaje / muto

waka / zima
....
atsa / zimya

wazi / fungwa
....
gifunguye / gifunze

utulivu / kelele
....
ucecetse / usakuza

tajiri / masikini
....
ukize / ukennye

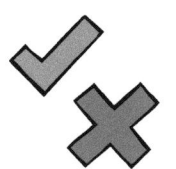

sahihi / kosa
....
ni byo / si byo

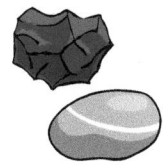

mbaya / laini
....
hahanda / hahehereye

huzunika / furahia
....
urakaye / wishimye

fupi /ndefu
....
mugufi / muremure

polepole / haraka
....
urandaga / wihuta

nyevu / kavu
....
utose / wumye

joto / baridi
....
ashyushye / ahoze

vita / amani
....
intambara / amahoro

0	**1**	**2**
sufuri	moja	mbili
zeru	rimwe	kabiri

3	**4**	**5**
tatu	nne	tano
gatatu	kane	gatanu

6	**7**	**8**
sita	saba	nane
gatandatu	karindwi	umunani

9	**10**	**11**
tisa	kumi	kumi na moja
icyenda	icumi	cumi na rimwe

12

kumi na mbili

cumi na kabiri

13

kumi na tatu

cumi na gatatu

14

kumi na nne

cumi na kane

15

kumi na tano

cumi na gatanu

16

kumi na sita

cumi na gatandatu

17

kumi na saba

cumi na karindwi

18

kumi na nane

cumi n'umunani

19

kumi na tisa

cumi n'icyenda

20

ishirini

makumyabiri

100

mia

ijana

1.000

elfu

igihumbi

1.000.000

milioni

miliyoni

nambari - imibare

Kiingereza

Icyongereza

Kiingereza cha Marekani

Icyongereza
cy'Abanyamerika

Kimandarini cha Uchina

Igishinwa k'ikimandarini

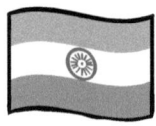

Kihindi

Igihindi

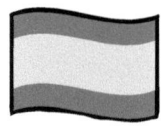

Kihispania

Ikesipanyoro

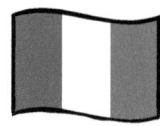

Kifaransa

Igifaransa

Kiarabu

Icyarabu

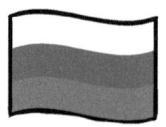

Kirusi

Ikirusiya

Kireno

Igiporutigari

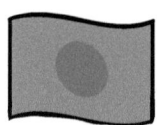

Kibengali

Ikibengari

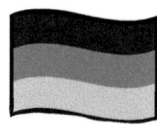

Kijerumani

Ikidage

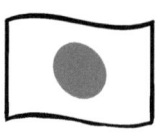

Kijapani

Ikiyapani

mimi
ge

wewe
wowe

yeye / yeye / ni
we / we / we

sisi
twe

wewe
mwe

wao
bo

nani?
nde?

nini?
iki?

jinsi gani?
gute?

wapi?
hehe?

lini?
ryari?

jina
izina

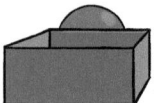

nyuma

inyuma

katika

mo imbere

mbele ya

imbere ya

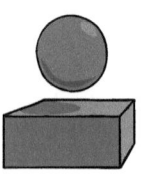

juu ya

hejuru ya

kwenye

kuri

chini ya

munsi ya

kando

iruhande

kati

hagati

mahali

ahantu